杉本彩

いい男の愛し方

心も体も虜にさせる20ヵ条

Aya Sugimoto

朝日新聞出版

まえがき

朝日新聞出版さんから、女性に向けた恋愛ハウツー本の執筆依頼を受け、この本を書くことになった。

男を虜《とりこ》にするテクニックを中心に、あらゆる恋愛テクニックを二〇カ条にして書いてほしいとの依頼だった。

しかし、私は恋愛をテクニックに頼ろうとしたこともないし、テクニックなどもともともちあわせてもいない。そのうえ、テクニックに頼る恋愛が本物になることはないと考えている。

そんな私が書けるのは、自分の失敗や成功の経験から学んだことや感じたこと、探究したことである。

若い頃からの早熟な恋愛……。

愛してるが故《ゆえ》に、互いに傷つけあうほどの激しい感情……。

長い同棲《どうせい》生活……。

一一年におよんだ結婚……。

三四歳で決断した離婚……。

そしてセックスレス……。

そういう経験がなければ、今の恋愛観にたどり着くことはなかったと思う。

この本を書くには、どう恋愛してきたか、さらにはどう生きてきたかを、客観的に自分を見つめることからはじめなければならないと思った。

もちろんテレビや雑誌の取材においては、恋愛の話やアドバイスを求められることも多い。テレビでも、恋愛やエロスについて語ることもあるし、女性誌の連載や企画で、悩み相談も受けている。

だから、自分の恋愛を振り返ったり、ときには恋愛について掘り下げて考えることもある。

しかし、ここまで深く論じたことは、今までなかったように思う。やはり執筆という作業の中でしか、ゆっくりじっくりと自分を振り返ることは無理なのだ。

奥深くまで侵入し、自分の心や思考を解析《かいせき》するには、一人で黙々と書く時間が必要らしい。

そして、今回は、周りの親しい男性の意見を聞いたり、観察したり、男性の生態についても新たな視点で見つめてみた。

改めて掘り下げてみると、男性の可愛いところがたくさん見えてきたりして、私にとってはなかなか面白い作業でもあった。

しかし、読者のニーズに応《こた》えるには、何をテーマに二〇の項目を決めていけばいいのか、そんなところから非常に悩んだ。

なるべく、恋愛のウォーミングアップにつながるようなテーマを選んだつもりである。

ダンスを踊るとき、体のウォーミングアップが必要なように、恋愛にも心のウォーミングアップが必要だと思う。準備ができていないとダンスをうまくしなやかに踊れないように、恋愛もまた、心や体の準備なしには、ステキに愛しあえないのだ。

もうひとつ、私の書く恋愛本には、私のこんな一面が反映されていると思う。

私は、男性的視点と女性的視点の両方をもって、どこか両性具有《ぐゆう》的な感覚で物事を見ている。だから、書いているうちに、ついついどっちに向けて書いているのかわからない内容になりがちなのだ。自分でも時々軌道修正をしようとするのだけれど、よく考えてみると、そんなことは必要ないと考えを改めている。

恋愛だけでなく、物事は、あらゆる視点から見ることができたほうがいいんじゃないかと思ったりするからだ。だから、女性に向けて書いたつもりだけど、きっと男性が読んでも、充分にお役に立てるような気がしている。

そんな私なので、若い人から同世代の大人まで、男からも女からも、数多くの恋愛相談を受ける機会がある。恋愛に迷い、悩んでいる人がいかに多いかということをいつも感じる。悩む内容は様々だ。ライトなものからヘビーなものまで。

しかし、どんな悩みにしろ、実は解決策なんてとてもシンプルなのだ。

いつまでも悩む必要なんてない。

いい男を見極める力と、いい男を育てる力をもち、しっかりした愛という軸が心の中心にあれば、おのずと解決策は見えてくるからだ。

日本の女性たちが、もっともっと成熟した本物の愛を求め、思いっ切り人生を楽しむことができるよう、この本が何かのヒントとなることを、心から願っています。

杉本　彩

いい男の愛し方　目次

第3章 いい男と愛を育む作法 115

装丁／坂川栄治＋永井亜矢子（坂川事務所）

第1章

男を虜にする〝いい女〟とは

1 「愛される」より「愛する」ほうがいい

男を虜《とりこ》にしたい……。

好きになった男を虜にして、恋愛を有利に有益に進めたいと多くの女性が思うことでしょう。

しかし、〝男を虜にする〟ということがどういうことなのか、まずはその真髄《しんずい》を知っておく必要があると思う。

私は、この〝虜〟という言葉に、なぜか強く惹《ひ》かれる。

それは、この言葉がもつ危ういデカダン（退廃的）なニュアンスが好きなのだと思う。

虜……フランス語で〝ヴィクティム〟。

このヴィクティムという言葉のもうひとつの意味……それは「被害者」である。

恋の虜になった男は、女に心を奪われ、女のためならと、すべてを差し出すし、また、どんな理不尽《りふじん》なこともすべてを受け入れる、まさに被害者。

だから、虜にするほうの人間は加害者なわけだ。

この加害者と被害者の関係性にデカダンな危うさを感じるのだ。

男と女の関係に危うさがなければ、まったくセクシーでもエロティックでもない。

私は〝虜〟という言葉にインスパイアされて、いくつかの商品を生み出した。自らプロデュースしたオードトワレにも「ヴィクティム」と名づけたことがある。

もちろん、コンセプトは「香りで男を虜にする」というもの。

そのプロセスはこうだ。

男の本能をくすぐる香り――

その香りが男にまとわりつき誘惑をしかける――。

やがて香りが男に浸透《しんとう》する頃、男は女の虜になっている。

「ヴィクティム」はとてもエレガントで優しく官能的な香りだ。同じ誘惑であっても、強引に男を捉《とら》えるような押しと個性の強い香りではない。男が自ら誘いこまれてくるような、まさに理想的な誘惑を感じさせる香りなのだ。

このような誘惑のイメージを具体的な香りで表現できるまでプロデュースするのは、私にとってとても楽しい作業である。

これは商品を生み出すというプロデュース業のひとつではあるが、プライベートに置きかえても同じことが言えると思う。

いかに、この誘惑のイメージを自分で描き、それをあらゆるアイテムを通して具体的に表現していくかが、女のセクシー度につながるのだ。いわゆるセルフプロデュースだが、この話は第2章で後ほど詳しく。

男を誘惑する……女はたいてい本能でその術《すべ》を知っているが、まだ、その本能が目覚めていない女性はとても多い。

そんな人は理論的にそれを理解していくことで、セクシー度を上げていくことが可能だ

と思う。それがいつか、本能の目覚めを助けてくれるのだ。

〝男を虜にする〟には、やはりセクシーで官能的でなければならない。なぜなら、頭で考えさせるより、五感を通して、最後は心と本能に訴えることが大切だからだ。

男が、損得や未来を頭で考えて保身をはかっているうちは、女の虜になったとは言えないだろう。虜にされた男は、そこを超越した、ひとつ間違えれば身を滅ぼしかねないギリギリのところで、本能的に無意識に自ら被害者の道を選択するのだ。

そして、〝虜〟をキーワードにしたもうひとつの商品。

私がプロデュースしている「アンデスティノ化粧品」で毎年企画するバレンタインショコラ。商品に添えるメッセージは「あなたを虜にしたい」である。

「虜にしたい」という思いや言葉は、とても積極的で攻撃的で覚悟がある。

反対に、「愛される女になる」という今どきの女性誌に出てきそうな受け身なテーマにある思いは、なんだか姑息《こそく》な企《たくら》みが見え隠れするからあまり好きになれない。

けれど、結果はどちらも成功すれば〝男が女を愛する〟ということだが、果たしてどこまでいっても同じ結果なのだろうか。

私は、確実にある時点から歴然とした差がついてしまうように思う。

もちろん、両者とも相手が好きだから〝虜にしたい〟と思うし、〝愛されたい〟と思うわけだ。けれど、この二つの思いは似《に》て非《ひ》なるもの。

愛されることに執着しすぎると愛することをおろそかにしてしまう。

相手に気に入られようと努力することはもちろん悪いことではないが、まず、相手に与える影響力が断然小さいのである。それでは男が自分の心地よい世界にとどまり、従来の価値観の中から飛び出して発見したり成長したりすることがない。

結果、その男の人生に大した影響はなく、男にとってその女は可もなく不可もなく、といった存在でしかない。

一方、〝虜にしたい〟と思うような強い姿勢の女は、能動的に男を愛する努力をする。ひたすら男の心を捉えようとするのだ。

もし、何かを求めたとしても、それは決して物質的なものではなく、愛の証《あかし》ともいえるような心をともなった行動の部分である。けれど、求めたならば、それ以上のエネルギーで自分も与えることをしなければ、いつか男は女の心の底を見ることになり、その関係は成立しなくなる。

「愛すること」「愛を与える」というスタンスには、ときに相手の想像を超えた言動で影響力をもつから新鮮だし、計り知れない期待を抱かせる。そして、男の価値観や、男の世界に、何かしらの影響を与えるのである。

結果、男は女によって新たな自分を発見したり、変化したり、ときには成長したりする。だから、虜にしたい、と能動的に男を愛する女は、相手からのリスペクトがえられる。

そして、男の人生にその女は必要とされるわけだ。

けれど、若くて可愛ければいい、と女をマスコットやアクセサリーのように思っている男もいる。そんな男の心を捉えるのは比較的簡単なことで、いっときは女を寵愛《ちょうあい》するが、可愛がるだけの女には最終的には飽きてしまうわけだ。そしてそんな女の代わりはいくらでもいるものだ。

それでは、男を虜にしたとは言えない。

私たち女に置きかえて考えてみれば容易《たやす》くわかることだ。

自分を変えてくれたり、世界を広げてくれたり、自分や他人にも影響力をもつ男にはリスペクトを感じるし、魅力的だと思う。

男も女も、なんのリスペクトもない相手に努力しようとは思わない。

それは男も女も関係なく、まったく同じである。

ただ、リスペクトといっても、スケールの大きなことばかりを言っているのではない。何気ない日常の中にある努力や思いやりや、さらには自分とは違う個性や才能から感じたりするものだ。

だから、**男を虜にするには、男に何かしらの影響力をもち、なおかつ男の本能を刺激する魅力、女として怠慢《たいまん》にならず魅力的であり続けることが何よりも大切なのだ。**

さて、〝男を虜にできる女〟というのが、影響力をもつ加害者であるということを理論的に知っていただいたと思うが、だからといって、「惚《ほ》れた弱み」というものにつけこんで、やりたい放題では未来がないし、それでは男をボロボロにするだけのただの〝悪女〟である。

〝悪女〟と〝男を虜にできる女〟の違いは、普通の男にはなかなか見分けのつかないものかもしれない。

けれど、物事の本質を見抜く感性とインテリジェンス、思慮深さのあるいい男は、その違いを感じるものだし、特に同性の女にはすぐわかるもの。

悪女は、ひたすらエゴイスティックに自分の利益を追求するが、男を虜にする女は、自分の利益など二の次なのだ。

悪女に引っかかった男は、たいていはボロボロになった時点で、自分が被害者だということに気づくだろうが、それでも気づかない男がいたとしたら、それはそれで幸せな人だと思う。

まあ、そんな類《たぐい》の人は別として、加害者としては、男を哀れな被害者にしてはいけない。どういうことかというと、物質的、金銭的、さらには人生そのものに被害を与えて相手を危機に追いこんではいけない。そんな悪質な小悪魔に成り下がって、男を手玉にとるような女は最悪である。

「なんであんな女にダマされたんだ」ということになり、恨《うら》みを買うことになるかもしれない。ネガティブな感情をもたれては、お互いに何もいいことがない。

いっときはあんなに愛しあったのに、あの時間は一体なんだったの、という虚《むな》しさだけが残ることになる。

あくまでも、被害を与えるのは心の中でなくてはならない。

それも、幸福な被害感とでもいおうか。心の中を相手にどんどん侵食《しんしょく》されていく感じである。それなら、たとえ別れることになったとしても、恨んだり恨まれたりしない。**虜にする側とされる側、加害者と被害者は、同じエネルギーで引きあい、人生を共有するような、ある種の共犯者のような感覚になるし、覚悟がいるものだ。**

「サボール・ア・ミ」というラテンソングがある。

「もう私の体からは、あなたの匂いしかしない」というような、とても官能的な内容である。私はこの幸福な被害感がたまらなく好きだ。

何度も何度も濃密に体を重ねた男と女のストーリー。女の体に男の匂いがどんどん浸透《しんとう》し、女の心が侵食されていく感じが最高に官能的でエロティックである。

私ならこんな幸福な被害感に浸《ひた》ってみたいと思う。

けれど、多くの女は〝男を虜にしたい〟と思うが、〝虜にされたい〟とはなかなか思えなかったりするものだ。

虜＝被害者、であることを無意識に知っていて、一見有利な加害者のほうが幸せだという思いこみからかもしれない。けれど、両者はどこまでいっても一対《つい》で、その境目《さかいめ》は意外と曖昧《あいまい》なものなのだ。

でも、もし「サボール・ア・ミ」のそんな幸福な被害感を相手に感じさせることができたら、男は、喜んで女の虜になるだろう。

〝男を虜にする〟ということは、男に愛という最上級の贈り物と、エロスという魅惑の贈り物を与え続けるエネルギーと努力、人生の共犯者としての覚悟が必要なのである。

それは、男に所有されているような、飼われている類の女には、絶対に無理なことなのだ。

出会いで男を魅了するヒント

2

恋愛にかぎらず、仕事をうまく遂行《すいこう》させるためにも、大切な人間関係を潤滑《じゅんかつ》にすすめるためにも、初対面で良い印象を与えたいと思う。

男性の場合、初対面は印象が悪かったけど、何度か会っているうちに別の側面を知り、「意外といい人なんだぁ」と、どんどんその魅力に気づき、女性側が好意を抱くこともあるが、なぜかその逆は少ないようだ。

だから初対面で、もう一度会いたいと思わせるか、少なくとも自分から誘ったとき、「会ってもいいな」と思わせることができないと、恋愛に発展させるのは難しい。

最終的に初対面であろうがなかろうが、恋愛であろうが友人関係であろうが、人を魅了するためにもっとも重要なのは人間性、これに尽きる。

人間性とは、その人の生き方や価値観や、要するに本質が反映されるものだ。これはなかなか小手先のテクニックではごまかしきれない。

もちろん、人間性を知ってもらう前に、嫌われてはどうしようもないし、まずは自分に興味をもってもらわなければ何もはじまらないわけだ。

そこで最初に大切なのがアイキャッチである。

まずは自分の存在に目を向けてもらうこと。広告と同じである。商品に目が止まり、これはどんな品物で、他とは何が違うのだろうと、表に書かれた売り文句や説明を読みはじめる。中身を知ってもらうのはその次なのだ。

だから外見を磨くなんていうのは、恋愛や男を虜にするうえで、当たり前の基本中の基本。最低限のことである。

外見にもその人の価値観は少なからず反映されているわけだから、外見をおろそかにしてはいけない。

中身がいいから外見なんてどうでもいい、中身で勝負よ、なんて言ってる女性がいたら、それはただの怠慢《たいまん》である。努力をしない言い訳にすぎない。

けれど、目を引かなければいけないからといって、派手に奇抜《きばつ》に装《よそお》えばいいというものでもない。

どう装えばいいのかは、人の個性にあわせて様々だと思う。

華やかさ、優雅さ、セクシーさ、カッコよさ、笑顔の可愛らしさ、ファッションセンス、爽《さわ》やかさ、凛《りん》とした風情《ふぜい》など、人が惹《ひ》かれる要素はたくさんある。

自分の魅力や個性がなんなのか、やはり自分で自分を知ることが必要だ。

自分を知れば、自分の魅力をどう磨けばいいかが見えてくる。

けれど、自分の魅力を知るというのは、人と違うことに不安を感じる日本人には少し難しいようだ。

ファッション誌やテレビの影響か、右にならえ、のみんな同じ髪型、同じメイク、同じファッション、という間違った方向に一生懸命な人が、特に若い世代には多いように感じる。

もちろん、なんの努力もしないよりはいい。

でも残念なことに、どれだけ頑張《がんば》っても、それでは個性が引き立たないし、目を引かない。大勢の中に埋《う》もれてしまう。

みんなと同じでいれば安心とか、目立つと人の視線や評価が気になるという臆病《おくびょう》な考え方では、男を虜にするどころか、いい恋愛をすることさえ難しい。

やはり初対面で人を魅了する要素として、自分に無意味な抑圧をかけないことも大切だ。

そういったイキイキとした自由な心が表情や言動にあらわれて、自信に満ちあふれた人に見える。

それは、初対面で人を魅了するに充分な魅力のひとつなのだ。

いかに人と違うか、ということを喜びにしたほうがいい。

続いて大切なのが清潔感や肌の美しさである。

髪に艶《つや》がなくバサバサだったり、肌の手入れが悪かったり、歯の色がくすんでいたりすると、清潔感がなくなってしまう。

これでは女として、リングの外である。

近い距離で話をすれば、肌の質感までしっかり見えてしまう。

やはりみずみずしい素肌を保つことは大切だ。ファンデーションで隠しきれるものではない。思わず触《ふ》れたくなるような柔らかでなめらかな肌には、男を惹きつける魅力がある。美しい素肌には気品《きひん》のようなものさえ感じられる。それは、素肌には、食生活や生活環境や生活習慣が出るからだろう。

美しい素肌は、そうした生活や精神的なゆとり、余裕や優雅さを感じさせる。たとえ、仕事に追われて生活や時間に余裕がなかったとしても、しっかり素肌の美しさを保っていれば、なんだか優雅に見えてしまうものだ。

そして、もうひとつ忘れてはいけないのが指先である。

これはけっこう気になる。私たち女性同士でも目のいくパーツであるが、フェティシズムの傾向は女性より男性のほうが強いから、女性以上に細かいところを男性は見ていたりする。

たとえば、ある特定のマニキュアの色や口紅の色に性的魅力を感じたり、ストッキングを履《は》いている脚《あし》に興奮したり、とディテールにこだわりをもっている人が男性には多い。ときには想像もつかない感性をもつ男性もいる。

だから、どんなに美しくドレスを着ていようと、爪やマニキュアがボロボロで、指先にささくれがあるようでは台無《だいな》しなのだ。

今まで仕事の現場でも、共演者の指先が気になったことが何度かあった。

ある若い女優は、映画の舞台あいさつという大切な場で、手のネイルも足のペディキュアも驚くほどに剝《は》げていた。おまけにドレスのバックスタイルは、ショーツのラインがみっともないほどくっきり。

それでは、どんな高価でステキなドレスを着て、プロのヘアメイクで飾り立てても、エレガントからはほど遠いし、すべてが台無し。なんだか下品にさえ見えてしまう。誰も注意やアドバイスをする人間が周りにいないのかとも思うが、やはり女なら自分で気づくべきである。

指先は生活のクオリティーを感じさせる大切なパーツ。特に初対面では気をつけておきたいものだ。

そして、何よりも忘れてはいけない、**出会いで男を魅了する要素、それが〝気づかい〟だ**。時間が経ち、話や食事が進むにつれ、気づかいのできる女か否《いな》かが見えてくる。

若い間は、気持ちがあってもなかなか気づかいの仕方がわからなかったり、間違った気づかいをしてしまったりすることもあると思う。

でも、若い間なら失敗は笑って許されるし、それはご愛嬌《あいきょう》ということで、みんなあたたかく見てくれるものだ。だから一生懸命やればいい。その姿に人は好感をもつ。

気づかいとは何か……それはサービス精神だ。

自分の周りの人たちが、少しでも心地よく楽しくスムーズに事が進むよう、あらゆるところに意識を向けて、必要なときには手を差し伸べる。過剰な気づかいは、お節介《せっかい》やありがた迷惑になりかねないし、エゴイスティックな自己アピールのようにしか見えないこともあるから気をつけたい。

やはり相手の心を察《さっ》する力や、相手の立場で物事を考えられる思いやりの心がなければ、本当の気づかいはできない。

だから、年を重ねていろいろな経験をする中で、その能力は磨かれていく。

場を和《なご》ませたり、初めて会った人同士の人間関係が調和するようになど、そういう潤滑油的な役割を担《にな》うのも、気づかいのひとつである。

気づかいの仕方も、活発で社交的な人と、物静かな口数の少ない人と、人の個性によってアプローチの仕方に違いはあるが、そこに心がともなっていれば、人は好意をもって受けとってくれるものだ。

さらに、本当の気づかいを学ぶには、周りにいる人生の先輩方の振る舞いを観察することも大切だ。

それは、とてもスマートで見習いたいと思うかもしれないし、こうはなりたくないという反面教師かもしれない。

私の周りには、その気づかいに抜群に長《た》けている大人の女が何人かいる。その極意はなんなのだろうと、私はいつも感心しながら観察する。

その人たちの共通点は、みんなさりげない、そして明るい。決してサービスの押しつけではなく、いつの間にか気づいたら、みんなのために動いている。

みんなに楽しく過ごしてほしいというサービス精神と心があるから、自然と明るい雰囲気を醸《かも》し出しているのだと思う。

そして、明るく自然な振る舞いだから、みんなのために犠牲になって動いてもらって申し訳ないという気持ちを、必要以上に感じさせないのかもしれない。

その人たちは、間違いなく男性に人気がある。恋愛感情だけでなく、なんだか頼れるお姉さんのような安心感を男性に与えるようで、そういう母性愛のようなものが男は好きだ。もちろん女からも好感をもたれる。

その中の一人は、銀座の高級クラブの女性だ。そのクラブのママと親しいので、私も時々出入りしてお酒を飲んだり、一緒に食事する機会がある。

他の高級クラブへも、友人のおじさま方に連れられて出入りする機会があり、ずいぶん社会勉強をさせていただいている。

ママが信頼をおく、その気づかいの達人は、一緒に食事している際も、その店が忙しく手が回らない状況を察すると、店の人にイヤみにならないような助けを出す。あまりにそれが自然なので、その店の女将《おかみ》のようにさえ見えてしまう。それくらいムダなくスマートに動く。

絶妙《ぜつみょう》なバランス感覚のなせる業《わざ》である。

その気づかいの達人は、私が何人か知っている他のクラブの女性と何が違うのか、改めて考えてみた。

それは、サービスのプロとして、自分の仕事に責任と誇りをもっているところだ。

いっときお金を稼ぐのが目的だけの、腰掛《こしか》け的な女性とは明らかに違うのだ。

決して小手先のリップサービスや女であることに甘《あま》んじない、心からあふれるサービス精神……これが気づかいの極意である。

それらは、プロもアマも同じこと。ぜひ見習いたいものだ。

3

やってはいけない意外なこと

男を虜にするうえで、絶対にＮＧな言動がある。

まずひとつ目は、張りあわないこと。

会話の中で、「そのことなら私のほうが知ってる」と思うことがあったとしても、相手の話を割《わ》って、自分の知識や情報をひけらかしたり、相手の話にかぶせて反論するのでは好感をもたれない。

初対面にかぎらず、恋人に対しても同じだ。

まずは相手の話を最後まで聞くこと。

もし、自分の情報や意見と違いがあった場合でも、話を遮《さえぎ》って「それは違う」とストレートに否定しないほうがいい。

とりあえずは最後まで話を聞いて、「私はこう思うんだけど、違うかな?」と、尋《たず》ねるニュアンスであることがのぞましい。

誰でも自分を否定されるのはイヤだけど、特に男性のそうしたプライドは、女性より高いように思う。政治経済の社会的な話なら、なおさら否定されるのはイヤなようだ。

女がファッションや美容や恋愛についての話題を女の分野と捉えているように、その分野は、男性が得意としたいところである。

若い女性には少ないかもしれないが、生半可《なまはんか》な知識で、いかにも知っているという具合に話をする女性や、私の意見が正しいと強引にたたみかけるように主張する女性が、男は苦手なようだ。

要するに、自分の意見をもち、隙《すき》あらば主張はするが、あくまでも相手の意見にも耳を傾《かたむ》ける謙虚な姿勢でなければならないと思う。

私もずいぶん男勝《まさ》りなところがあるので、若い頃は摩擦《まさつ》を起こしやすかった。結局、相手を言い負かしても何もいいことはない。真っ向から張りあうのはご法度《はっと》。

もちろん、それがそのテーマの専門分野の女性なら、男性も黙って話を聞くだろう。とにかく**女は、男に〝花をもたせる〟という余裕が必要なのだ**。

二つ目は、酒癖《さけぐせ》の悪い女。

時々、パーティーや飲み会で酔いつぶれる女性がいる。せっかくステキにドレスアップしたのにベロベロに酔っ払って、千鳥足《ちどりあし》で誰かに支えられながら歩いていたりすると、百年の恋も一瞬にして冷めるだろう。

やはり、自分の限界は知っていなければならない。

これは、お酒が強いとか弱いの問題ではなく、羞恥心《しゅうちしん》や美意識の問題なのだ。

その低さが露呈《ろてい》すれば、いい男はドンビキしてしまう。

ホームパーティーでないかぎり、やはりどれだけお酒を飲もうと、エレガントに振る舞いたいものだ。

お酒に関してもうひとつ。

三つ目は、**酔って愚痴《ぐち》を言わないこと**。

社会に出るといろんなストレスがあるだろう。それでも、まだまだ自分の未来に希望を捨てていない若い女性は、酔ってくだを巻《ま》くことはないかもしれない。

それが、ある年齢に達しても自分の人生に充足感をもてなかったり不満を募《つの》らせている女性の場合、焦《あせ》りを感じるのか、年齢を重ねるごとにネガティブな感情しかもてなくなるのだ。

酔って愚痴を言い出すのは、間違いなくそういう種類の女性である。

自分に与えられたものには目を向けず感謝もせず、自分にないものばかりを考え、追いかける。

それを手に入れて満たされた人生を生きようという本当の努力も、何がいけなかったのかという反省もしない。

それなら、いっそそんな女としての欲望は潔《いさぎよ》く捨ててしまえばすっきりするだろうが、あきらめきれないでいるからウジウジと愚痴がはじまるのだ。

だから、性別がほとんどなくなった〝おばちゃん〟たちは、けっこう力強く前向きだったりするのかもしれない。

要するに、自分にかなりの比重で問題があるのだが、そういう愚痴っぽい女は必ず、誰かに責任転嫁《せきにんてんか》していたり、何かに問題をすり替えていたりする。

一番よくありがちなのは、恋人がいないことや、自分に自信がもてないことや、恋愛や仕事がうまくいかないことを、自分の年齢のせいにしたりするパターンだ。

それらは、まさに年齢への責任転嫁《てんか》と問題のすり替えである。

そんな女性の姿を、男でなくても他人がステキと思うわけがないし、かかわりたいと思わないだろう。だから、ますます〝渇《かわ》き〟を感じる。悪循環なのだ。

そんな姿を男に見せていないから大丈夫、なんて安心してはいけない。そういう考え方は、無意識に日頃の態度や言葉にもあらわれるものだ。

四つ目は、テンションを上げすぎないこと。

これも、特にお酒の席で注意したいことである。

ノリがいいことは大いにけっこうなことだけど、周りとの調和もなくテンションが上がりすぎると、落ち着きがなくエレガントさに欠ける。

たとえば、こういう場面——。盛り上がりすぎて、年下の男に無理やりお酒を飲ませようとしたり、自ら勢いよく飲んで、必要以上にテンションが上がる。

ざっくばらんで、さっぱりした体育会系の楽しい女性を演じているつもりなのだろうけど、そういう女性にかぎって意外とさっぱりしていないものだ。完全にいい女の定義を間違って解釈しているセンスの悪さがうかがえる。

ある程度大人になったら学生のノリはやめたほうがいい。盛り上がりの中にも、落ち着いた雰囲気が大切だ。


そして最後は、自分からしつこく求婚しないこと。焦りと自信のなさがまる見えで、なんともカッコ悪い。捕らえた獲物は逃がさないというような執着心が、ちょっと怖くもある。

けれど、私のように結婚という形にこだわらない女性ばかりではない。やはり結婚に憧《あこが》れや期待をもつ女性も少なくないだろう。

しかし、いくら早く結婚したいからといって、男の気持ちや状況を無視して、いくつまでに結婚して、いつまでに子どもを産みたいなんていう、自分の人生プランを相手に押しつけるのはいかがなものかと思う。二人の人生プランなのだから、二人で描くべきだ。

さらに良くないのは、男が結婚を決意しないからといって、「結婚しないなら別れる」というなかば脅《おど》しのようなことを言うことだ。それでは男の心は余計に離れてしまう。

人のいい男は、女からの求婚に責任を果たそうとあきらめに近い感情で受け入れることもあるだろうし、なんとなく勢いに乗せられて結婚することもあるだろう。けれど、それではかなり早い段階で結婚そのものを後悔する可能性が高くなる。

結婚は人生のゴールではないのだから、結婚後、いかに夫の心を惹きつけていられるか、夫を虜にできるかにエネルギーを注ぐべきだ。

私の友人にも、女性からの強引な求婚を受けた男性がいるが、やはりうまく結婚にはたどり着かなかった。

破局の原因を端的《たんてき》に言うと、結婚を決意しない男と、結婚を焦《あせ》る女の、人生観の違いだ。そもそも、彼女は恋人を探していたのではなく、結婚相手を探していたように思えた。だから、結婚してくれないからという理由で別れられるのだ。相手は彼でなくても良かったわけで、たまたま結婚にあたってのいくつかの条件をクリアしていて、自分を好きになってくれた男だったにすぎない。彼でなくても、他の誰かでもいいわけだ。

出会って二週間くらいの二人を前に、私は以前、「彼のどこを好きになったの?」と聞いたことがあった。その問いに彼女は「二人の将来のビジョンが具体的に想像できたから」と答えた。

今いち理解しにくかった私は、ラブラブ光線を彼に送り続ける彼女を見て、そのときは、もっとスピリチュアル的なことを言ってるのだろうと、いいように解釈したのである。

今考えると、彼女はずいぶん正直に、「結婚相手を探してる」というニュアンスで伝えていたんだなぁと思う。

もちろん、二人は出会ってすぐに恋に落ちて、お互いに盛り上がり、「結婚を考えている」なんて軽はずみに口走った男側にも、彼女の期待を増長させてしまった問題があるのだが、それをすぐに鵜呑《うの》みにした女性もどうかと思う。

とても結婚願望が強い女性だったから、空腹の馬の目の前に人参《にんじん》をぶら下げられた状態だったと思われる。「結婚、結婚」と涎《よだれ》を垂《た》らして待っているから、そんな言葉を鵜呑みにしてしまうのだ。

焦っているから、その言葉に真実があるのかが見極められないのである。

彼女はあまり時を待たずに「結婚してほしい、いつ結婚してくれるの」と言いはじめ、彼を実家に連れていったり、自分の借りていたマンションを引き払って彼のマンションで同棲するという、積極的な行動に出た。

今年の自分の誕生日までに入籍すると公言し、それを実行してくれるよう彼に求めていた。

まだまだ心の絆《きずな》を感じられない男に、人生の伴侶《はんりょ》として自分を選べというのは、ちょっと酷《こく》な気がする。

同棲という形をとったのだから、その生活の中で焦《あせ》らずお互いを確かめあい、二人の歴史を積み上げていけばよいものを、彼女はどうしても待てなかったようである。まだ三〇歳という若さなのに。

だからといって、出ていく彼女を彼も追いかける気にはならなかったわけだ。

執拗《しつよう》に追いかけられると逃げたくなるというのが、生物全般の習性なのかもしれない。

そして人間は、完全に手に入ったものに興味が薄れていくものだ。その習性を乗り越えカップルでいるためには、愛情の交換を継続させるしかない。

まずは、男に愛と情熱を注ぐこと。心から、この女の愛を失いたくない、と思わせないかぎり、一生一緒にいようなんて覚悟はもてないはずだ。そういう気持ちが結婚へと移行していくことが自然なのである。

そもそも、今どき必ず結婚しなきゃいけないなんて時代でもないわけだが、それでも結婚という形にこだわるなら、さりげなく結婚したいという意思は伝えておいたとしても、やはり最終的には向こうから求められるほうが、男を虜にできる確率はぐっと上がる。

男が結婚の意思を固めていることをわかっている場合なら、もちろん「そろそろ結婚しない？」という時期は女が選んでよいわけだ。

女の言動のすべてが、良くも悪くも男の心に響いているわけだから、言動には細心の注意を払うことが必要だ。

間違っても、「結婚してくれないと〇〇するわよ！」と脅すのだけは、逆効果の絶対的にNGな言動である。

4

「いい女」と「都合のいい女」は違う

男を虜にするには、やはり〝いい女〟とはどういう女なのかを知ることが必要である。

男の性格によって、多少〝いい女〟の条件は異なるだろうけど、**気をつけたいのは〝都合のいい女〟と〝いい女〟を履《は》き違えないことだ**。

〝都合のいい女〟とは、男にとってラクな女である。

私が言うラクな女とは、何をやっても反論しない、男の言いなりの無知で従順《じゅうじゅん》な女である。

私が思うには、結局のところ、〝いい女〟の条件も〝いい男〟の条件も、大して違いのないものだ。最終的には〝いい人間〟であることに集約される。

もちろん、男ならよりそうでなければならないとか、女ならそれくらいは知っていたほうがいいとか、男女のニュアンスの違いはあると思う。

やはり専業主婦の女性なら料理の上手さが絶対条件だろうし、男なら、まず仕事ができる男であることが絶対だ。


では、ラクな女の何がいけないのか……。

男が、愛情の交換に対する努力をしなくなるからだ。

それはイコール、男の社会的成長をうながさないし、もともと甘えん坊な男の性質を増長させることになりかねない。

たとえば恋人や奥さんに指輪をプレゼントするとして、一〇万円のものは楽勝に買えるけど、やっぱりもう少しだけいいものをあげたいから、少し無理して一三万円のものをあげよう、ということになる。

そういう少し無理するところに愛情があるわけだし、誰かのために頑張《がんば》ることで仕事のモチベーションも上がり、社会的成長にもつながるのだ。

プレゼントだけではない。疲れていても、少し無理してどこかに出かけようとか、気力や肉体的なパワーもそうだ。

彼女には何を言っても許されるし、なんの努力を見せなくても不満をもたないと思わせてしまうのでは、息子を甘やかす母親のような存在と変わらない。

それでは男が甘え放題で、大人の男としての成長をさまたげることになる。男としての自覚に欠けるということは、同時に女が女でいられなくなる状況をつくり、男と女であり続けることが難しくなる。

いい男であり続けてもらうには、カッコ悪いところを見られても平気と思わせるのではダメだ。それでは男の美意識が磨かれない。

誤解しないでほしいのは、カッコ悪いところを見せないということは、心を許さないことだとか、ずっと緊張していてもらわなきゃダメとか、そういう居心地の悪さを感じさせることではない。

もちろん、男の弱さや愚かさやマイナスのところも含めて受け入れ、大きな愛で包み込む寛容《かんよう》さは必要なわけだ。

では、カッコ悪いところを見られて平気な男の何がいけないのか……。

カッコ悪いところを見られて平気な男は、カッコいい男であろうと努力しない。その開き直りや怠慢《たいまん》がいけないのだ。

たとえば、ちょっと無理して、記念日だけはフレンチレストランに行ってみようとか、金銭的な問題だけではなく、たとえそういう改まったところが苦手であっても、彼女のために少しだけ無理して行ってみようという気持ちになることで、世界が広がったりする。

そこでの振る舞い方や、彼女をどうエスコートするかを考えたりすることで、美意識が磨かれる。

俺はそういうのが苦手だから、というラクな行動範囲で収まろうとする男では、あらゆる面でも冒険心に欠ける。

別にフレンチレストランに行かなければならないと言っているわけではない。

何事も、少し無理して新たな挑戦をしないかぎり、自分を成長させることはできない。

女が男を成長させられるか否《いな》かは、このあたりのエネルギーの使い方にかかわってくる。

カッコいいというのは、外見のことだけではない。むしろ、中身で判断するものだ。カッコいい考え方、カッコいい言動、カッコいい振る舞い、カッコいい仕事への姿勢。そういう美意識を放棄《ほうき》した男を許す、都合のいい女にならないことが大切だ。

恋人や妻からいい男として評価してほしい、彼女に愛されたいという思いが、少しだけ無理してカッコいい男になろうと努力させる。

結局、男に努力させる女の資質が、男を虜にする〝いい女の条件〟となるのだ。

男と女の関係性など、かなり美意識に左右されるものではないだろうか。

男として、どう女を愛していくかにも美意識が反映される。

そんないい女の厳しい目で評価を下されてきた男は、確実に一歩一歩、大人の男の階段を上っていくことができる。

前の項でも述べたように、それが〝男を虜にする女〟の影響力なのだ。

では、その〝いい女〟の条件となる資質とはなんだろう。

まず、相手に努力をうながすのだから、自分も努力していることが最低条件である。向上心をもって、自分の人生や仕事やその他の何かに取り組んでいることが大切だ。

仕事の場にたとえるとわかりやすい。一生懸命に仕事に取り組んでいる相手と仕事するときは、こちらも絶対中途半端なことはできないという緊張感をもつものだし、自分も触発されていつもよりいい仕事ができたりする。

けれど、相手がいい加減で適当なら、自分も頑張る気持ちが失せたりするものだ。

男と女もそれと同じなのだ。

それが専業主婦であったとしても、手料理が夫の好みや体を思いやるメニューであったり、それが素晴らしく美味《おい》しかったりすると、夫も何かしらの努力でそれに応えようとするだろう。

いい女とは、男が少し無理したくなる女なのだ。

すなわち、それらは女の向上心と愛にかかっている。

そして、〝いい女〟のもうひとつの条件。

それは、男が間違いを犯しそうなとき、それに気づかせてあげられる女でなくてはいけないと思う。

男には、女があまり執着《しゅうちゃく》しない欲望や闘争心がある。

地位や名声にこだわったり、権力を欲しがったり、権力に左右されたり、もちろん男がみんなそうではないが、社会という土俵がそういう要素で成り立っているのだから、その土俵に上がっている以上、多かれ少なかれそれらの影響を受けざるをえない。

そういう欲望や闘争心を起こさせるのは、男性ホルモンの影響もあるかもしれないと思われる。


女はいくら同じ土俵に上がっていても、男ほどそういう闘争心をもたないものだ。

女は、それ以外の人生における喜びを見いだすのが上手だったり、男性ホルモンが少なかったりするから、もともと、ムダな闘いは好まない。戦争を支配しているのは、やはり男である。

そういうムダな闘争心や欲望で、愚《おろ》かにも道を踏みはずしそうになっている男に対して、それを戒《いまし》めることのできる強さと賢さがなければ、いい女とは言えないのだ。

違う性質の者だからこそ、客観的に見ることができたり、うまく相手をコントロールしたり、調和ができる。

愚かな道に拍車をかける女もいるが、そういう女をいわゆる〝さげまん〟と世間は呼ぶのだ。

そして最後の〝いい女の条件〟は、男を理解できる女であること。

どんなにすべてがパーフェクトであっても、結局、この理解力と感性が男の心を捉えるようだ。

男は、常に自分を理解してほしいと思っている。

喜びも苦しみも痛みも、考え方も価値観も、すべてである。

社会という狩りの場で、大きな獲物を捕らえた男が強い男であるという、原始の時代からの名残《なごり》が、今は複雑な社会背景によって、さらに男を苦しめるプレッシャーになっている。だから、心の底は、とても不安だし、ナーバスなのだ。

人は、理解されることによって、その不安や緊張感を緩和《かんわ》することができる。

今の時代は、女も同じように狩りの場で活躍するわけだが、男のように、獲物の大きさを比較して優越感や劣等感を抱いたりしない。

どちらかというと、結果より、獲物を追いかけている行為自体に、すでに喜びを感じているし、結果は二の次なのである。

社会の価値観に支配されて身動きできないのは、どちらかというと男のほうだ。だから、自分を少しでも大きく見せようと虚勢《きょせい》を張るのも男に多いのである。そういう男の、素直に不安や弱さを認められない性質や、心の底にある不安や緊張感を理解してあげることで、男は安らぎを感じるのだ。

さらに言うなら、深く男を理解し、同じ価値観と感性で共鳴しあうことができたら、男と女を超えた関係性を築くことも可能である。

それには、女も社会に出た以上、男と同じレベルのエネルギーで何かに取り組むこと。そこで味わう勝利と挫折《ざせつ》の喜びや悔しさの感情、それを知らないかぎり、男に深く共鳴することはできない。

男と女のセクシャルな関係でありながら、人間として、〝同志〟愛を築くことができたら、男は完全に女の虜なのである。

だから、前にも述べたように〝いい女〟とは、結局、人間として〝いい人間〟であることが求められるのだ。

この男と女の関係を私の仕事にたとえると、男は永遠にリーダーであり演出家である、人生という映画の監督だ。

女はその演出をどう感じ、いかに理解し、うまく演じていけるかという、人生における女優である。

そういう男女の違いや関係を踏まえて、いい女を目指したいものだ。

男から飽きられる女の共通点

5

恋愛を持続させるとはどういうことか。

ただなんとなく惰性《だせい》で一緒にいたら、五年、一〇年経っていたというのを、恋愛を持続させていると言えるのだろうか。

もちろん、それでも一人でいるよりはマシという考え方もわからないではない。けれど、私なら惰性では一緒にいたくない。いつも、しっかりお互いの存在を必要だと意識していたいと思う。

惰性で一緒にいる理由はいろいろあるだろう。

これからまた新しい出会いをして、お互いを知りあわなければならないのはエネルギーがいるから面倒だとか、次に恋人ができる自信がないとか、別れるほどには嫌いじゃないとか、別れ話をしてもめるのがしんどいとか、経済的に自信がないとか、様々だと思う。

何が原因で、惰性の関係になってしまったのか。原因もまた様々だろう。

けれど、惰性の関係の根本的な原因は、自分の保身と、人生への探求心不足なんだと思う。

恋愛の醍醐味《だいごみ》である〝ときめき〟を失いたくなければ、保身は考えず、人生を探求する好奇心とエネルギーをもつことだ。

ここでは、恋愛を持続させることなく短期間で別れにいたってしまう原因や、恋愛を持続させるために何が大切なのかを探究したい。

まず、すぐに別れにいたってしまう原因についてだ。

もともとそこまで好きじゃないんだろうなぁと、いろいろなカップルを見て感じることがある。

芸能界でも、誰と誰がくっついたとか別れたとか、目まぐるしい展開がテレビなどで報道される。

たかだか一年や二年や三年くらいで、すぐに終わってしまう恋愛。それらを断片的に見ていてもうかがい知ることができるのは、女の側が好きになる基準を、男のステータスや経済力に設定していることだ。

断っておきたいのは、映画やドラマの共演者同士の一時的な錯覚からスタートした、打ち上げ花火のように終わってしまう恋愛は語るまでもないことなので、別ものとしてもらおう。

さて、話は戻って、恋愛を持続させるには、まずは男に魅力を感じなければどうしようもない。

男のステータスや経済力と、男の魅力や人間的魅力はまったく別である。

ステータスがあろうがなかろうが、いい男はいい、ダメな男はダメ。

もちろん、ステータスも経済力もあるにこしたことはないかもしれないが、男選びの条件の優先順位の上位に、ステータスや経済力があるのはおかしい。

そもそも、そんな条件で男を選んでいるから、すぐに自分も好きでいるエネルギーをなくすし、逆に男からも飽きられるのだ。

好きになる理由や好きでい続ける理由は、中身や外見やセックスといった、もっと人間的で本能的なものであるべきだ。

本人のバックグラウンドや稼いだお金を基準に、計算で選んで、それを男の魅力だと思いこんでいるようでは、まず恋愛が長続きするどころか、本当の恋愛に出会うこともないと思う。

男の魅力とは、さらには人の魅力とは、その人そのものである。精神や肉体や魂やセックスや、その人から絶対に切り離せない、その人自身なのだ。

ステータスやお金のように、ともすれば幻のようになくなってしまう、その人から切り離せるものは、本来の魅力ではない。

それでは、男の経済が破綻《はたん》したら恋も終わりを迎えることになる。本当の相手の良さに惚《ほ》れたわけではない。そのような価値観では、相手の本当の良さに気づくこともできない。

ステータスや経済力は、好きになった男がたまたまそれらを備えていた、というのでなければ、愛なんてウソである。
好きになった理由にそれらが大きく影響しているのでは、「恋愛」なんて言えないのだ。それでは、〝女〟という営利事業である。体裁《ていさい》のよい援助交際なのだ。

もし、好きになった男に経済力があったならば、どう稼いだかより、どう使うかを観察し、さらにその男を見極めるべきだ。

稼いだお金をどう使うかに、その人の生き方のセンスや人間性があらわれている。

それに、経済力のある男がみんな同じように気前《きまえ》がよいと思っていたら大間違いだ。どのような経緯で経済力をえたのかによっても違ったりする。

私が感じることとは、叩き上げで成功した男より、もともとの資産家でお金に苦労したことのない男のほうが、意外とケチだということが多い。あるいはお金の使い方がまったくわかっていない、生きたお金の使い方のできない男だったりする。

どれだけお金をもっていようと、お金を貯めこむだけだったり、ケチな男では貧乏であるのと同じなのだ。使い方がなっていない男は、本物の紳士とは言えない。

だから、ステータスや経済力のような、相手の表面だけでは、本当に人として尊敬できる心の豊かな人間なのかどうかの本質なんてわからない。表面だけの恋愛では、心底男に惚れるなんてこともないわけだし、そんな浅はかでさみしい考えでは、まず男を虜にすることは無理なのだ。

もちろん、男の心などどうでもいい、人生はお金がすべてという、割り切った生き方が貫《つらぬ》けるなら、それはそれで何か大きなものを代償にしているだろうから、ある意味、潔《いさぎよ》いと言えるかもしれない。

こんな話にも、世の中の間違った価値観を感じることがある。

ある女性誌で、私のことを大変評価してくれている内容を目にして、すっかり気分よくしていたら、最後に「今いち男運がなさそうだけど」とまとめられていた。「アンタ、私の恋愛をそんなに見てるんか！」と思わず関西弁でツッコミを入れたくなったが、世間というものは往々《おうおう》にしてそんなもんだ。

離婚すると、忍耐がないとか男運がないとか勝手なことを言うし、恋人や結婚相手がどこどこの有名企業の社長とか、なんだかよくわからない横文字の肩書きに、単純に反応する。それがあたかも、女としてのスゴい成功や幸せのように評価するのだ。まったくくだらない。

だから、そのような肩書きをいっさい無視して、男選びに表面的な条件をもたない私は、〝男運のない人〟と言われてしまうのだろう。

離婚は、自分の人生に対して、向上心と好奇心があるゆえに、惰性《だせい》で一緒にいたくないだけにすぎない結果だ。しょせん結婚なんて、保守的な考えのもと、相手にも自分の心にも目を瞑《つぶ》れば、いくらでも続いたりするものだ。続いていればいいってもんでもない。

だから、**本当の恋愛を持続させるには、世間の幸せや成功の物差しで、自分の恋愛や人生を測らないことである。**

そして、**もうひとつ、本当の恋愛を持続させるのに大切なことは〝変化〟**だ。

〝変化〟とはなんだろう。

変化とは、成長や成熟のことである。

もちろん、ネガティブな方向に変化されては困る。

ただ、気をつけなければならないのは、お互いが同時に変化すればいいのだが、片方だけが変化した場合である。

「今まではそんなふうに考えなかったのに、なぜ……」「今まではそんなことしなかったのに、もう私のこと好きじゃないの？」もしくは、「もう俺のこと好きじゃないの？」という具合になるのだ。

変化の激しさは年齢にもよるが、年齢だけの問題でもない。これもまた、その人の向上心や好奇心によるところが大きい。

相手が変化をすれば、その変化を受け入れて、自分も変化しなければならない。また自分が先に変化すれば、相手に変化してもらえるよう、相手を吸引する魅力と変化させてしまうパワーをもたなければならないのだ。

その変化が、わかりやすく自分にとって都合のいいものでないかぎり、なかなかポジティブには納得してもらえないし、また自分も相手の変化に納得できないものである。

たとえば急に優しくなったとか、食事を作ってくれるようになったとか、自分にとって好ましい変化は簡単に受け入れられる。

けれど交友関係が広がって社交的になり、出かける時間が多くなったとか、自分の知らない世界の扉を相手に開かれるようなことは、置いてきぼりをくらったようで、なかなか受け入れられるものでなかったりする。

とは言っても、どれだけ束縛《そくばく》して自分のテリトリーの中に閉じこめようとしても、心だけはコントロールできない。

それに、その変化をさまたげるような相手への要求や言動は、ポジティブな方向へ向かっている言われた本人にしてみれば、いい加減にしてくれとうとましくなるわけだ。

私も昔は、相手に自分の知らない世界が存在することで、嫉妬《しっと》したり不安になったりしたものだけど、今から思えば、そんな逆効果な感情を相手にぶつけていた自分にゾッとする。


多少の嫉妬は恋愛のスパイスだが、度がすぎるとなんでも逆効果なのだ。


最初のうちは、嫉妬されることに愛されている実感を見いだし、喜びさえ感じるのだが、しつこく繰り返されると、だんだん息苦しくなるものだ。

でも、嫉妬の感情は好きだからこそ芽生えるわけで、つきあいはじめの頃は、そんな感情のぶつけあいも、二人の仲を深めてくれるきっかけになったりする。

そういう嫉妬の感情も踏まえて、恋愛を持続させるために大切なことは、いつも変化し続け、お互いが新鮮な気持ちでいられることだ。

それは、決して、一生安心で穏やかな関係を保証しあうことではない。

変化は、ときには別れをもたらすこともある。けれど、あえてその変化を求め、認めあい、それでもお互いがお互いにとって魅力的でいられるか……その危機感こそが、恋愛を持続させる最大の秘訣なのだ。

ともすれば、お互いが違う世界に飛び立ってしまう、違う人に惹かれてしまう、そんなリスクを感じることで、男も女も魅力的でいようと、必要とされたいと、努力するのではないだろうか。それが、本当の恋愛を持続させることにつながるのだと思う。

第2章

自分の魅力を高めるヒント

6 女の本質がわかる三つのアイテム

恋愛でも仕事でも、自分の魅力を引き出して、自分の理想のイメージに自分を演出する力が必要だ。

人に自分をどう見せたいかだけでなく、自己演出によって、自分の気分や精神が高まることが何よりも大切なのである。

特に恋愛においては、その高揚感こそが女のエネルギーであり、それが魅力となる。

そして、それこそがフェロモンなのだ。

そこで、絶対におろそかにしてはいけない女の〝三種の神器〟のような大切なアイテムがある。

それは、ランジェリー、香り、ピンヒール……。

この三つに、実は女の本質がひそんでいる。

この三つに対する意識を見れば、その女性の色気がどれくらい濃厚か、またはどれくらい希薄《きはく》かがわかる。

そしてセレクトするアイテムによって、恋愛やエロスに対する感性や欲求、女としての洗練度までをうかがい知ることができるのだ。

これらを読み取れるのは私だけではなく、経験豊かな感性のある女性なら読み取ることができる。

女は、それらを本能と理論に基づいて読み取るが、男はこれらを本能だけで感じ取るようだ。

そういうフェロモンを放つことができる女が、いわゆる男好きする女ということである。

まずひとつ目は、ランジェリー。

今はランジェリーのおしゃれも幅広く、洋服とランジェリーの境目《さかいめ》もはっきりしない。

たとえばキャミソールは、ファッションブランドでもあるアイテムであり、ランジェリーとしてのカテゴリーにとどまらない。

ランジェリーとしてのブラでさえ、胸元のレースをのぞかせたり、ストラップを見せたり、背中開きのドレスから大胆にバックストラップを見せたりと、ファッションとミックスして自由に楽しむことができる。


私は、昔からランジェリーが大好きで、それが高じてランジェリーのプロデュースをするようになった。特にヨーロッパのランジェリーが好きなのだが、文化や体型の違いからか、薄い素材のレーシーな透け感のあるヨーロッパのランジェリーは、日本人にはなかなか受け入れられないようだ。

そこでヨーロッパのデザイン性と日本人向けの機能性をあわせたランジェリーを作りたいと、私がプロデュースしているランジェリーブランド「アンパサージュ」が立ち上がった。

そんなプロデューサーとしての立場からも、日本の女性たちにもっともっとランジェリーの魅力と大切さ、そしてその効果がどれほどのものかを知ってもらいたい。

ランジェリーは、ボディラインを美しく整えるためだけでなく、多様な楽しみ方のできるアイテムなのだ。

私は、かなり大胆にランジェリーをファッションとして取り入れているが、私のように大胆なコーディネートや、チラ見せのコーディネートさえも、ちょっと抵抗がある人もいるだろう。

もちろん私としては、「欧米の女たちや、ラテン女のように、どんどん見せるべきよ！」と言いたいところだけど、職業上そういう楽しみ方のできる機会が少ない人や、まだ勇気のない人もおられるでしょうから、そこは無理にとは言いません。

けれど、洋服の中に隠されているまったく人目に触れないランジェリーであったとしても、それに高い意識のある女のフェロモンと、そうでない女のフェロモン不足は、確実に男たちにも伝わっている。だから、決して油断してはいけないのだ。

よくこんな質問を受ける。どうしたらフェロモンが出せるのか、と。

フェロモンの有無《うむ》は、男がランジェリー姿を想像できる女であるか否《いな》かにかかわっている。

服装がコンサバティブであろうがプログレッシブであろうが、「絶対セクシーなランジェリーを着けていそうだな」と男に想像させる女、想像したくなる女……それを目指せば、フェロモンは必ず増すはずなのだ。

だから、**よく〝勝負下着〟なんて言うが、いつも勝負できる態勢であることが大切だ。いつも勝負態勢なんて疲れるという女性がいたら、その時点でアウトである。そういう考えになるのは、まず、女であることを楽しもうとしていない証《あかし》。**

それは、すなわち女としてのエネルギーが低いということで、前にも述べたように、魅力不足、フェロモン不足へとつながっていく。

基本的には毎日が勝負で、何かあるときは、さらにスペシャルな勝負としてランジェリーを選べばいい。デートのラストのベッドシーンのときだけ、あわてて取りつくろってもダメなのだ。和服やドレスと同じで、普段から着なれていないと、なんだかしっくりこない。

それにあった立ち居振る舞いや雰囲気も醸《かも》し出せない。着ているのではなく、着せられている感じに見えるものだ。

ランジェリーも同じこと。セクシーな雰囲気やフェロモンは、急につくれるものではない。

ステキなランジェリーを身に着けることで、女としてひそかに自信をもつことも大切だ。

よく高級ブランドのバッグやジュエリーや、その物の価値もよくわからないのに、これ見よがしな優越感に浸《ひた》りたいというだけでもっている人がいるが、あれはあまりいただけない品のない感覚である。

けれど、それがもし、**人目に触れないランジェリーだったとしたら、その高級感に酔いしれてひそかな優越感に浸るのもいいと思う。品のいい可愛い優越感だ。**


さて、ランジェリーについて、もうひとつ。こんな話を聞いたことがある。

ランジェリーにとても意識の高い、あるキャビンアテンダント（CA）の話だが、制服の中にガーターベルトを着けていた。それこそ、昔はガーターベルトが主流だったが、今ではランジェリーへの意識の高い女性でないと、ガーターベルトはしないようだ。

そのCAが何かの用事で屈《かが》んだとき、スカートが太ももにぴったりと沿《そ》い、一瞬ガーターベルトの形が浮き上がった。それを見逃さなかったのが、そのCAの後の夫である。

男は、その魅惑的なガーターベルトの浮き上がった形に魅了され、彼女に声をかけた。

ガーターベルトをする女性の秘《ひ》めたる官能的内面を知りたくなったわけだ。

俗っぽい表現で言うと、要するに〝エッチそうだから〟ということである。

それくらい、男はちょっとしたことであれこれと想像をかき立てられ反応する。

もちろんランジェリーそのものにも反応するだろうが、本当に反応しているのは、そういうランジェリーを着ける女の欲求と官能的な内面に、だ。

ランジェリーによって表面化した内面の一端、そのもっと奥を覗《のぞ》いてみたい、と思うわけである。

そんな話からもわかるように、男が剝《は》ぎ取った洋服の中身を軽視してはいけない。

どれだけステキに着飾っていたとしても、もっとも期待すべき洋服の中身が、味気ない質の悪いランジェリーだったりすると、男はがっかりなのだ。あらゆるいい物を知っているセンシティブな男は特にそうである。

女としての意識の低さが露呈《ろてい》されるわけだから、高まった期待は一気にダウンする。そういう女は、間違いなく心身ともに感度も悪いはずだ。

あるセレブリティの熟年紳士が言っていた。

ランジェリーと女のクオリティーは比例していると……。

あながち間違っていないような気がする。

思わず〝なるほど〟と納得させられた。

だからその紳士は、センスと質の悪いランジェリーを着けた女を抱く気はしないらしい。

もちろん、質より量の野蛮《やばん》な男には、その感性は理解できないだろうが、そんな男はもともと恋愛対象外である。


女の本質がわかる二つ目のアイテムは、香りだ。

選ぶ香りによっても、やはり女の本質があらわれる。

だからこそ、自分が男にどういう印象を与えたいかで、香りを使って演出することも可能なわけだ。

男と女が恋愛するとき、視覚、聴覚、嗅覚《きゅうかく》、味覚、触覚の五感のすべてが感覚的にあわないと無理なのだ。

その中の嗅覚は、視覚にも劣らないほど重要。香りの印象は、視覚以上に人の心に残ることもある。「そういえばこの香り、彼女がつけていた香水と似ているなぁ」というように、香りや匂いによって、誰かを思い出すこともあるくらいだ。

さて、香りと一口に言っても、本当にいろいろな種類がある。

自分の個性にあった香りを選ぶのは、自分にあったメイクをしたり、洋服を選んだりと同じレベルでセンスが問われる。

けれど、ファッションやメイクより油断できないのは、香りで女の本質が見えてくるからだ。

日本人の幼稚な男は、自分の個性を主張していない香りが好きなようだが、この本においては、その種の男は恋愛対象外なので、そこを探究するのはやめておこう。

さて、話は戻って……。

たとえば、大人っぽいセクシーでステキな容姿の女性がいたとする。「ステキだなぁ」と男が感じたとしても、その女性からフルーティーな柑橘《かんきつ》系の子どもっぽい香りや安っぽいシャンプーの匂いがしたとしたら、やはりがっかりなのだ。

なぜならば、大人の女としての魅力を引き立てる香りなら効果的だが、それが逆行していては魅力も半減する。

意外と子どもっぽいと感じられたり、質にこだわらない鈍感《どんかん》さは、いいギャップではないからだ。

子どもっぽいと大人の可愛いは別ものであることに注意したい。

逆に、見た目は一見おとなしそうだったり、幼く見える女性が、イメージと違う華やかなフローラル系の香りがしたり、または毒っぽい個性のある香りがしたら、男はそのギャップにドキッとしたりする。

意外な女の本質を垣間見《かいまみ》たような感覚なのだ。

このように同じギャップでも、良いギャップと悪いギャップがある。

香りは人を惹きつける、ある種のオーラである。自分がこうなりたいと思うイメージの香りをまとうことをオススメしたい。

さらに香りは、男に刺激と癒《いや》しをもたらす……そんな効果もあるのだ。

最後のアイテムは、ピンヒール。

もちろん、いつもピンヒールを履いているわけにはいかない。それでは体にも悪い。けれど、夜の特別なシーン、たとえば特別な場所でのディナーやパーティーのときくらいは、ピンヒールでステキに歩ける女でいたいものだ。

このピンヒールは、唯一、必ず人目に触れるアイテムで、覗き見る感覚の、前の二つのアイテムとは少し性質が異なる。

では、なぜピンヒールに女の本質がひそんでいるのか……。

それは、あの華奢《きゃしゃ》なピンヒールを履いて優雅に歩くということで、女の肉体的な機能の高さをあらわしているからだ。

ピンヒールを履いてステキに歩くには、それなりの筋力やバランス感覚が必要だ。お尻や内股やふくらはぎ、それらはセックスにおける女性の機能と直結している。だから、ピンヒールでステキに歩くことで、肉体の美しさだけでない、高品質な機能の持ち主であることをひそかに語っているわけだ。

ミルバというイタリアの女性シンガーがいる。

私は彼女が大好きで、来日するとコンサートを聞きに行くのだが、七〇代の彼女が、ピンヒールでステージに立つのを見て、そんなところにも現役の女であることを感じる。

年を取っていくと、衰えた肉体にあわせて、健康と安全から高いヒールや安定の悪いピンヒールは避けるものだ。

だから本当にスゴいと思う。

私もいつか肉体の限界に達するまで、ピンヒールを履きこなし、フェロモンをふりまく現役の女でいたいと思うのだ。

そういう思いが、ピンヒールのクオリティーやデザインにもこだわりをもち、心ときめかせて、そういうものを選ぶことになる。

ピンヒールには、そんな女の気あいがうかがえるのだ。

自己演出は、この三つのアイテムを自分のキャラクターにあわせてセレクトし、まずは自分の気持ちを高めることからスタートしてほしい。

7 昼と夜の顔のメリハリをつける

多くの日本女性が、まだまだできていない自己演出は、昼の顔と夜の顔を使いわけることだ。

昼の仕事や家事のモードから、そのまま夜になだれこんでしまってはいないだろうか。

自分の日常を振り返ってほしい。

たしかに仕事や家事に追われる毎日では、なかなか切り替えは難しいものだけど、せめて週末だけでも、そのエネルギーと時間を捻出《ねんしゅつ》してみてはどうだろうか。

昼から夜のモードに切り替えるということは、ニュートラルだったスイッチを完全に女

モードへとONにすることである。

スイッチをONにしてモードを切り替えると、まず自分の気分も変わるし、周りの風景が新鮮に見えたりするものだ。恋人や夫との関係においても、自分が女であることを相手に意識させる大切な時間である。

自分が緊張感をもつことで、相手との間にも新鮮な空気が流れるものだ。

たとえば海外や国内を問わず、暖かいリゾートに行った際、どれだけリラックスモードのホテルやヴィラで人目がなかったとしても、やはり夜のディナーは変身すべきだ。体まで緊張させることはないので、リラックス感のあるサマードレスに軽めのメイクでいい。

私は、暖かいリゾートに行くとファンデーションを塗りたくないので、目のラインメイクとリップとチークだけで夜のモードになる。

肌も体も解放させながら適度な緊張感を保つことで、より充実したバカンスが楽しめるのだ。

昼と夜とのメリハリが、一日一日をステキにしてくれる。

日常のシーンであっても、昼はまとめていた髪をダウンにするとか、ほんの少しメイクを足して夜仕様にするとか、ちょっとしたことで気分は変わるはず。

たとえ昼間は、性別を忘れるほど男勝《おとこまさ》りに働いていたとしても、夜は女であることを取り戻してほしい。

できるだけ短いスパンで、できれば毎夜、無理なら週末だけ、それでも無理ならせめて毎月一度は、女を取り戻す機会や時間をつくるべきだ。

それ以上のスパンで放っておくから、気がついたら体重がものすごく増えていたとか、肌が年齢以上に老化していた、ということを見すごしてしまうのだ。

そうなってから、ある日突然気づいて、あわてて美しさと若さを取り戻そうと思っても、ものスゴい努力とエネルギーが必要になる。もちろん、もう遅いなんてことはないが、常に小さな努力を積み重ねているほうがラクである。

気づいたならば、できない言い訳をせずに、すぐに実行するべきだ。ぼやぼやしているヒマはない。人生なんてあっという間に過ぎていくのだから。

特に、年を重ねれば余計に早く感じる。私の三〇歳からの一〇年間は、恐ろしいくらい早かった。二〇歳からの一〇年間とは違い、倍の速度で時を刻んでいるような気がする。

私が思うには、若い頃にはいろいろな迷いがあり、そういう迷いの中にいると時間は長く感じる。それに、時間はたっぷりあるものだと、若い頃は人生のはかなさに気づいていない分、時間の捉え方が違うのだろう。

けれど、年を重ねて、若いとき以上に責任ある立場で仕事に追われたり、それと同時に、身近な人の死に触れたりすると、人生のはかなさや、命にかぎりあることをリアルに感じたりする。

そして、大人としてのゆとりを手に入れると、若いとき以上に充実した時間を過ごすこともできるから、ステキな時間は早く過ぎていくように感じる。だから、年を重ねて時間が早くなったと感じることは、ある意味いいことなのだと思う。

もし、若い頃から、そんな時間の大切さを知っていたら、素晴らしいことだ。そういう〝気づき〟を、できるだけ早いうちにするほうが、時間を有意義に使うことができる。そのほうが絶対に人生は豊かになるし、得なのだ。

あれこれと言い訳を並べて、自分の人生を豊かにするエネルギーを惜しみ、時間をムダにする人は、生きることそのものに対する一生懸命さに欠けているのだ。

さて、そんなわけだから、何事も真剣に取り組む人には、それなりの人生哲学がある。

仕事という誰もが肯定《こうてい》しやすいカテゴリーだけでなく、女であることに真剣に向かいあうことも、仕事と同等に大切なこと。なのに世間の風潮は、いまだにそれを軽んじている感がある。

私が、セックスレスを原因に離婚した三四歳のとき、世間やマスコミから、私は性欲旺《おう》盛《せい》な、普通の男では太刀《たち》打《う》ちできない女、という目で見られているのを強く感じた。

性欲旺盛と思われることは、私としては、人間としても女としてもまったくイヤなことではない。むしろ歓迎すべき讃美《さんび》の言葉だと思っている。

けれど、男たちは、女がセックスレスを原因に離婚することへの恐れは感じるものの、そういう価値観に対する理解力やリアリティが、男に乏《とぼ》しかったのが残念だ。

女性からは「私もセックスに不満を抱えている」という声が聞こえたし、共感の声も多かった。みんなが、この離婚にとても興味を抱いていることもよくわかった。その不満が解決されたかどうかは私の知るところではないが、セックスレスへの不満を抱くことは悪いことではないのだと、女性の罪悪感が多少なりとも緩和《かんわ》されたのではないかと思う。

けれど男たちはきっとこう思っただろう。芸能界だから、ましてや〝杉本彩〟だから、そんな突飛《とっぴ》なことを言ってもしかたない、と。

特に男は、私の発言を女王様的な欲望と捉え、ただただ恐れおののき、自分たちカップルを振り返ったりはしなかったはずだ。自分の恋人や妻はそんなことは思わない種類の女だと、きっとそう思っている。

人生の中で、重要なものを考えたとき、日本人はセックスの順位が相当に低かったりする。けれど、私の人生において、それは重要で、かなり高い順位を勝ち取っている。だからといって、もちろんセックスレスだけが離婚の原因だったわけではないが、男女のそれの不一致は致命的である。

もちろん、最初から不一致だったわけではない。私の結婚は一一年間続き、結婚前の同棲からあわせると、一五年間におよぶ。

最初は心も体も深く溶けあうような感覚や、狂おしいほどの相手に対する欲望を感じたものだ。どこで、間違ってしまったのか……。

気づけば、「どうして、そうしてくれないの」「もっとこうしてくれたらいいのに」「私は本当はこうなのに」と、相手への期待や要求ばかりがつのり、そうなったことへの原因の一端《いったん》が自分にもあることを、なかなか気づけなかった。

ただひとつ、私が前夫に申し訳ないと思ったことがある。私の母との同居である。私の母は、十数年間一緒にいた二度目の夫との別れから、精神的に不安定になりうつ病を患《わずら》った。私は長女としての強い責任感から、母の姉妹たちの反対を押し切って京都から母を連れてきた。

その頃、母はまだ五〇代で若く、もちろん私も二〇代という若さだ。

母はうつ病だから、私たちとの間でいろいろと問題が生じる。薬のせいで話もかみあわない。私も、そんな病気に対する知識が今ほどはなく、どう接していいのかわからず、「なんでそんな情けないことを言うのか」と悲しくなったり怒りが湧《わ》いたりすることもあった。

そんな重苦しい状況で、若い私たち夫婦は親との同居をはじめたわけだ。

最初は、夫が母を受け入れてくれたことに安堵《あんど》した私だったが、正直これほどまでに同居が困難だとは想像もしなかった。二年かけてうつ病を克服した後も、もともと神経質な夫と個性の強い母は、お互いが不満をつのらせた。私は彼に申し訳ないという思いから、形ばかりのいい妻の役割を果たすことに一生懸命で、女である自分の本当の気持ちを置き去りにした。

そのうち、私の女としての、心と体の欲求が抑《おさ》えきれなくなったのだ。

気がつけば、愛はすっかり色褪《いろあ》せて、積み上げてきたと思っていたものは、すでに崩壊していた。その現実をなかなか直視できなかった私は、積み上げたはずの幻にずっと執着し、不満を抱えながらも離婚の答えを出すのに、五年の月日を要したのである。

四〇代になっていろいろな経験を積み重ねた今、そんな二〇代後半の自分を振り返ってみることがある。

男としての美意識や私への愛から、母との同居を承諾してくれた前夫だったが、今になって思えば、そのことに対する私の感謝の気持ちも足りなかったのではないかと思う。結婚したのだから、夫なのだからと、心のどこかで当然と思ってはいなかっただろうか。仕事が大変だから、心身ともに疲れているからという言い訳を自分にし、心から夫のために、そして何よりも自分のために、女でいることを楽しもうとしていなかったと思う。完全なるエネルギー不足。昼のスイッチのまま、夜になだれこんでいたのである。

それに気づいて、あわてて女のスイッチをONにしてみたところで、お互いの冷めた心を温め直すことは難しかった。

愛が冷めないうちに、もちろんステキな恋に出会うためにも、女は昼の顔と夜の顔をもち、魅惑《みわく》的に自分を演出しなければならないと思うのだ。

その二つの顔のギャップは、大きければ大きいほどステキである。

8 いつでもリアルなセクシーさをもつ

そもそも自己演出とは、なんのためにするものなのか……。

自分の満足の小さな世界にとどまるためではない。

少しでもステキな女性だと認めてもらい、ステキな恋や充実したいい仕事をするためだ。

もちろん、自分が、ステキな自分で気持ちよく楽しくいるためでもあるけど、計算され尽くした自己演出の真の目的は、人と調和することだ。

相手に歩み寄ることで、人との調和が生まれる。

恋愛も仕事も、やはり調和しなくては何もうまくいかない。

そのうえで、まず重要なのはファッションと振る舞い。

特に、仕事の場合は、相手のニーズに応じることが大事だと思う。

要するにＴＰＯが大切なわけだ。

時と場所と場合にあったファッションや振る舞いは、自己演出の基本である。

特に芸能というジャンルは、そのＴＰＯの完成度が高く人目にさらされることになる。

だから自己演出力がそのままタレント力へとダイレクトにつながっているわけだ。

もちろん、芸能界以外のビジネスの世界や、あらゆる交友関係においても自己演出力は大切だ。


芸能の仕事を例にあげると、雑誌の取材を受ける場合などは、どんなテーマで、先方が何を望んでいるのかをしっかり把握して、自分の個性を生かしながら応じていく。

雑誌が求めるものは、その媒体によって様々である。

思いっ切り濃厚なセクシーもあれば、穏やかで優しいニュアンスもある。

妖艶《ようえん》さを求められるときもあれば、爽《さわ》やかさを求められるときもある。男性誌と女性誌が求めるものも、もちろん読者が違うのだから多少は違ってくる。

自分のキャラクターを大幅に変えることはないが、その中で、なん通りもの自分を常に用意しておく。

それは雑誌の媒体だけでなく、テレビにおいてもそうだ。

昼の番組なのか、夜の番組なのか、どんな内容なのかによって、ファッションの演出は変わるべきなのだ。

朝のトーク番組で、スパンコールの衣装で全身が光っていたりすると、やはりＴＰＯに欠けているなと感じるし、なんだか朝から暑苦しい。

これは出演者サイドだけのことではなく、番組の制作サイドにも、一視聴者として、そんなＴＰＯの欠落を感じることがある。

朝からテレビで、スケベなおじさん視聴者狙《ねら》いなのかよくわからないが、水着ギャルたちの体当たりのゲームがはじまったりする。

こんなものを見て一体誰が喜ぶのかと、まったく視聴者のニーズにあってないことを感じたりするわけだ。

もちろん私は、芸能の仕事の場面だけではなく、一経営者として、いろいろな企業の方や目上のおじさま方との交流がある。

そんなときも、まず注意するのは、もちろんファッションだ。

私は比較的いろいろなスタイルのファッションを楽しむほうだけど、やはりそんなときは、ホットパンツやサロペットやはき古したようなGパンのカジュアルなものは、昼間であっても避ける。

たとえそれがカジュアルすぎないコーディネートであっても、落ち着きに欠けるので避けるところである。

やはり、相手に自分を理解してもらわなければならないわけで、それにはある程度の安心感と共感をもってもらう必要があるのだ。


どれだけトレンディーでおしゃれであったとしても、そんな場面での奇抜《きばつ》なファッションや若い世代の流行だけを優先させたものは避けるべきだと思っている。

けれど、女として、どんな場面でも失いたくないのはセクシーさ。

場面によってセクシーの濃度は変えなければならないが、たとえ昼間のミーティングや食事会であっても、どこかにひそかなセクシーさは必要である。

そんなとき、私がテーマにしているのは、〝コンサバ・セクシー〟なファッションだ。アグレッシブでプログレッシブなセクシーとは異なる。

私のリサーチと経験によると、日本人男性の多くは、このコンサバ・セクシーなファッションが好きなようだ。

コンサバ・セクシーとは、ベースになるファッションは、きわめてコンサバティブ、たとえば、スカートにシャツやブラウスやセーターなど、スーツもそうである。

それをベースとして、どこかに主張しすぎないセクシーな要素を取り入れる。

たとえば、体にピタッとフィットしていて、ボディラインが強調されているとか、シャツやブラウスやセーターの胸元がほんの少し大きめに開いているとか、スカートにさりげないスリットが入っているとか、そういうコンサバ要素とセクシー要素が絶妙なバランスでミックスされているファッションをそう呼んでいる。

私がなぜそう思うのかというと、テレビのトーク番組でいろいろなスタイルを試してみる中で感じるからだ。

大胆で積極的なセクシーファッションに、多くの男性は驚きと好奇の眼差しを向けてくるが、リアリティをもってそそられることはほとんどないようだ。

もちろん日本人離れしたラテンな感性と情熱をもつ男性は別だけど、そんな男は日本にそう多くはない。

男は、自分の経験や感覚の枠《わく》からはみ出さない女に、リアルなセクシーさを感じるらしい。そのほうが、自分を受け入れてくれそうだという安心感もあるのだろう。

私はあるテレビ番組で、タイトなスカートと同じくタイトなシャツを着て、〝コンサバ・セクシー〟な出《い》で立《た》ちで登場したのだが、男性出演者の反応は、いつもと全然違うものだった。

明らかに、肌の露出は少ないはずなのに、「なんかいつもよりスゴいエロい感じですね。エッチな女教師みたい」と、それを〝エロい〟と捉え、予想外の反応を見せたりするから面白い。

要するに、ちょっとエッチな秘書や教師という、身近な存在を思わせる固めの禁欲的なイメージが、男性にリアリティを与え、そそるという感情を覚えさせるのだ。

最初から脱いでくれそうな解放的な感じではなく、脱がせたいと思わせるような、自分から脱ぐことはしなさそうな、抑圧された感じがいいわけだ。

それに、前項でも述べたように、禁欲的な昼の顔と、解放された夜の顔とのギャップが大きいのでは、と想像させたりする。

〝コンサバ・セクシー〟を多くの男が好む理由は、このあたりの心理にあるのだろう。

こういう男の心理を理解して、巧《たく》みな演出をしない手はないので、何かの参考になればと思う。

私の周りの男性陣に、どんなコスプレが好きかリサーチしてみた。もちろんボンデージのようなカッコいいのが好きとか、特殊な意見はあるにしても、秘書や教師やナースなど、禁欲的なイメージのあるものが圧倒的人気だったりする。

だから意外と肌を大胆に露出した積極的で潔いセクシーファッションは、男をひるませるようだ。

けれど、もちろん私はそういうエンジン全開で女を楽しむリベラルな生き方やファッションが大好きだから、ゴージャス&セクシーなパーティーなどニーズにあっていれば、臆《おく》することなく思い通りにファッションの自己演出を楽しんでいる。

ファッションには、その人の生き方や感性が反映されたりするから自己演出をする場合は効果的なのだ。

私は、日本人がもっともっと自分を魅力的に演出する術を身につけ、誰の視線にも捉われることなく、自己演出によって変身する喜びを自由に楽しむべきだと思う。

誰かの視線に捉われて自分を抑えつけ、媚《こ》びたファッションをするのと、誰かや何かと調和するために、ニーズに応じた計算されたファッションをするのでは、まったく意味が違うのだ。

あるテレビ番組で、今流行《はや》りの「婚活」（結婚活動）とやらの特集をやっていた。いわゆる合コンと変わらないような気がするのだが、そこにいた一〇人くらいの三〇代女性たちは、みんなフェミニンでちょっと若作りの乙女《おとめ》チックなファッションだった。

話を聞いてみると、男ウケを狙っての意図的な演出らしいが、私には全然ステキに見えない。

みんな同じで、まるで個性がないし、似合っていない人も多かった。

「結婚したい」と切羽詰《せっぱ》まった感じだと、逆にあのやわらかな若作りの演出が、調和のための歩み寄りというより、罠《わな》のように見えて怖かった。

そんな罠にかかる男がいるのだろうか……そう思いながら画面を見ていたが、もし罠にかかる男がいたとしたら、きっとその男も切羽詰まっているのだろう。

切羽詰まって婚活に励む姿は、本当に滑稽《こっけい》である。

恋愛とはほど遠い、決して同一線上にない婚活に励むヒマがあるのなら、もっと自分を高めることにエネルギーを費やすべきなのだ。

そういう生き方をして自分の人生に真剣に取り組んでいれば、その姿は何にも勝る美しさで、必ず人の心を捉えるものだ。

そこに、女としての演出力が加われば、それこそ最強なのである。

そういう姑息《こそく》な罠を仕掛ける女性の演出は、すぐに化《ば》けの皮が剝《は》がれるもの。

何かちょっとしたトラブルや予想外の出来事が起これば、簡単に剝がれてしまう。

そういうときにその人の本質が見える。今まで培《つちか》われてきた精神が、言葉や行動やなにげない立ち居振る舞いに影響し、どうにもいつわりきれないものとしてあらわれてしまうのだ。
自己演出力は、まず、自分を客観的に見つめる力と美意識によって高められる。
自分を高めないかぎり、いい男とステキな恋愛はありえない。
なぜなら、同じレベルで物事を考える相手でなければ、恋愛は成立しないからだ。

9
日常から美意識を磨く

優れた自己演出は、自分を客観視することからはじまると思う。

いかに自分を厳しい目で冷静に見ることができるか。

演出家のようなもう一人の自分が、しっかりと行動する自分をプロデュースすることができるか。


要するに、美意識が問われるのだ。

私は何かに迷ったとき、どちらが美しい行動であるか、どちらがカッコいい行動である

かを考える。

上辺《うわべ》だけのことではなくて、そこにともなう精神まで掘り下げて自問する。

それは、大きな選択だけではなく、日常の中で常に起こるどんな小さな選択であってもそうだ。

街を歩いているとき、エレベーターに乗り降りするとき、買い物をしているとき、道で誰かに声をかけられたとき、初対面の人と会話するとき、他人が困っているとき……。

その瞬間にどのような態度で人と接するか、どのような言葉を選んでコミュニケーションをとるか……。

日常の、どの場面にもいく通りもの小さな選択が、常に生まれる。

その中のもっとも美しいベストな発言や行動を瞬時に選び取っていく。

美意識は、日常生活のささいなことから、人生の大きな選択まで、すべてにおいて意識しなければならない。

けれど、人間はどうしても、真実から目をそらし、自分にとって都合のいい選択をしがちな生き物である。

「だってお金がないからしかたないじゃない」とか、「時間がないから無理だもん」とか、やるべきことを後回しにしてしまう。

そのときは、それで都合よくいくのだろうが、その先や最終的には絶対にツケが回ってくるものだ。

そういったことは、ある種の美意識の欠如である。

日常の美意識の欠如は、きっと人生の大きな選択ミスにもつながる。

普段の言動に対する美意識の高さが、美しい生き方、そして女の魅力、さらには人間の魅力へとつながっていく。

だから日頃から美意識を磨くことが何よりも大切だと思われる。

この項では、そんな日常の美意識について考えたい。そして、その美意識を高めるための、自分を客観視する方法を探りたいと思う。

まずは、私が日頃、目にする美意識の欠如《けつじょ》を感じる場面をあげてみよう。

若い女性に多いのが、電車内や人目の多い公共の場での本格的なメイクだ。

以前、空港内で座り込んでメイク道具を広げ、化粧していた女の子を見たときは、さすがに呆《あき》れてしまった。

美しくなるためのメイクなのに、美しさの本質をわかっていない無恥《むち》な行動だ。

いつの間に、こういう人種が存在するようになったのだろう。

そして、これは男女ともにあることだ。歩きタバコやタバコのポイ捨て、カフェなどで吸ってもいないタバコに火をつけたまま灰皿に放置する。

人の迷惑をかえりみない美意識とモラルのない喫煙者は、まだまだ多い。

モラルの欠如は美意識の欠如でもある。


飛行機や新幹線の乗り降りのときにもある。

人を押しのけてわれ先に、というマナーの悪さも美意識の欠如からだ。

他にも、女性によくある買い物の光景。

セール品にたかって奪いあいをはじめるのは醜《みにく》いに加えて恐ろしい。

もし若くしてそんなことができたら、完全に〝おばちゃん〟である。

おばちゃんであるか否かは、年齢の問題ではなく、美意識の問題だ。

年を重ねて〝おばちゃん〟になるか、品のよい〝おばさま〟になれるかは、美意識次第だろう。

今あげた場面は、言語道断であるが、意外と見落としがちな美意識の欠如も多々ある。

たとえば、ヘアカラーだ。

明るいブラウンやブロンドに染めて、長期放っておくと地毛が伸びてきて、まるでプリンのようにハッキリと色のコントラストができてしまう。

生え際に多少地毛の色が見えているのは仕方ないが、遠目に見てもわかるほどの色の違いは汚らしく見える。

こまめに染めるか、地毛の色に戻してほしいものだ。

次にあげるのは、コンビニや書店での長時間の立ち読み。

買うためのある程度の立ち読みは仕方ないが、まるで買う気のない長時間の立ち読みはいかがなものかと思う。

なぜなら、その姿からセコさが漂ってきて、やはり美しさに欠けるからだ。

そして、もうひとつは所作。

歩き方や座り方や立ち方と、日常のあらゆる動きのすべてに美しさが問われていることを忘れてはいけない。

膝が曲がりっぱなしで背中を丸めて歩くのはエレガントではないし、いくら顔がキレイでも魅力は半減する。

座る姿勢も、深く背もたれに寄りかかりすぎていたり、スカートなのに膝《ひざ》と膝が離れていたりするとやはりエレガントさに欠ける。

特に、レストランでの食事の姿勢は、気をつけたほうがいい。テーブルの下でサンダルをブラブラともて余したり、背中を丸めてテーブルに肘《ひじ》をついたりするのは子どもっぽい。

もちろん立っている姿勢も大事だ。

そして、所作の中でも特に見落としがちなのは、物を拾うときである。

立ったまま、上体だけ折り曲げて拾う女性がいるが、やはりスカートをはいての人前での所作は、軽く膝を曲げて腰を落として拾うのがエレガントだ。

こうやってあげていくと、きりがないほどたくさんある。

いつも、とにかく注意深く自分を見つめる目がなければならないと思う。

そして、**いい意味で人目を気にすることも必要だ**。

人の目を気にして、何か言われることを恐れ、自分に無意味な制限をもうけるということではない。

人の目に自分が美しい姿で映りたいという思いから、緊張感を保ち、自分を正すということだ。

それには、まず、何が美しく、何が醜《みにく》いのか、というたしかな美の基準を知らなければならない。

ダイエットでもそうだけど、美意識を間違うと、ただむやみやたらにヤセすぎたりして、女のまろやかな美しさを失うことになりかねない。

ファッションに関しても、いくら高い良質の洋服を買ったところで、それをコーディネートする美のセンスがないと台無しである。

では、どうしたら美意識を高め、自分を客観視することができるようになるのだろうか。

私はこう思う。

まず、美しいものを知るべきだと。

ダンスなどもそうだけど、美しく踊るには、一流ダンサーが踊る美しく華麗なダンスパフォーマンスを知っていることが、まず大切だったりするのだ。

美しいダンスパフォーマンスのイメージをもちながら稽古《けいこ》するのと、そうでない稽古とは、明らかに上達の速度も違う。

美意識を高める方法は、そういうダンスのイメージトレーニングの効果からもわかるように、自分が尊敬できたり憧《あこが》れたり、お手本にできるような人の振る舞いや所作や生き方に触れることだ。

もちろん、お手本となるべき人の選び方を間違ってはどうしようもないのだが……。

外見や上辺だけではなく、その人の考え方や生き方をも知って、そのうえで、その人はお手本にしていい人か、憧れを抱くに相応《ふさわ》しい人かを判断すべきだ。

だから私は、その人物がどんな醜い価値観で生きていようとも、なんの疑問ももたず、ただマスコミにフィーチャーされているからという理由で、ただ、外見がキレイでおしゃれというだけで、ワーキャー言って騒ぎ立てる薄っぺらいミーハーな人種が、あまり好きではない。

そして、そういう真の美しさより、スキャンダルでもなんでもいいから注目されればいいみたいな価値観で、イメージキャラクターを選んでいる企業の美意識と誇りのなさにも嫌悪感をもってしまう。

そういう人間やそういう企業は、間違いなく美意識が欠如しているからだ。

だから誰を師とするか、誰をお手本にするか、誰に憧れを抱くかは、とても重要である。

それがどういう理由で誰なのかを聞くと、だいたいその人の価値観や向上心や志の高さが見えてくる。

それを選び間違えなければ、その人から直接、または本や映画の中で間接的に学ぶことだ。

それは身近な人かもしれないし、もうこの世に存在しない偉人かもしれない。

触発されたり、自分の足りないところに気づかされ反省したりすることもあるだろう。

自分の美意識を高める客観的な目を養《やしな》うには、自分を反省する素直な心も必要だ。

そうして素晴らしい人に出会ったとき、ステキな人を街で見かけたとき、ドキュメンタリー番組でフィーチャーされた感動の物語の登場人物を目にしたとき……そこで何かを感じて学びとる感受性と力を身につけることだ。

人を冷静に観察することができたら、きっと自分のことも冷静に客観的に捉えることができるのだと思う。

心のフィルターを曇らせないよう気をつけたいものだ。

トラブルをチャンスに変える

10

人間のキャパシティと実力が一瞬にして見えるとき……。

それはトラブルに直面したときだ。


男は特にそうである。

そういう土壇場《どたんば》で問題をどう解決するかが男の力量だ。

昔、〝成田離婚〟というのが流行《はや》ったけど、あれはまさに、海外という日本とは事情の違う土地で、言葉や習慣の違いから起こるトラブルに直面したとき、今まで気づかなかった男の力量不足を知ってしまったからではないかと思う。

一瞬にして男の底を見たということだ。

逆に、そういう場面でスマートに問題を解決したり、問題に対して焦らずに対処できたら、頼りになる男と、評価がものすごく上がる。

女は無意識に、男にそういう頼りがいを求めている。どこかで頼れて当たり前くらいに思っているから、土壇場での力量不足は、余計に女を失望させてしまう。


その点、女はいい。

男ほどの期待が寄せられていないぶん、たとえトラブルに直面したときに能力が発揮できなかったとしても、失望までされることはないだろう。

だから、たとえ力量不足でも、女は男よりダメージが少ないうえ、しかもトラブルをスマートに乗り越えたら、男同様に評価は上がる。


トラブルは、自分の能力や魅力を知ってもらう、いいチャンスなのだ。

そんなことをものスゴく実感した出来事があった。

もうかなり前の話であるが、いつもお世話になっている親しい方との食事会の際、お歳暮のつもりで、その二人の男性に、それぞれネクタイをクリスマスプレゼントとして用意した。

二人とも目の肥《こ》えた目上の男性なので、誰もが知るところの高級ブランドのものを選んだのだ。

プレゼント用ということで、きちんとリボンをかけてもらい、それを手渡した。

二人は同時に箱を開けたのだが、なんと片方にだけネクタイが入っていなかった。

入ってないほうを受け取った方が、不思議そうな顔をして遠慮がちに「彩ちゃん、ネクタイが入ってないけど」と言った。

驚いて箱の中身を見たがやはり何も入っていない。その信じられないショップのミスに腹を立てはじめた私を見て、「なんだ、彩ちゃんの演出かと思ったよ」と、笑ってくれた。

本当に親しい方だから良かったものの……そして目の前で開けてくれたから良かったものの……そう思うと、余計に腹が立ってきた。

ましてや、それが高級ブランドであるから、余計にありえないミスだと、怒りが湧《わ》いてきた。

私は、すぐにお店に電話したが、すでに店は閉店時間。店がダメならと、怒《いか》り心頭《しんとう》の私は、本社に電話した。けれど、本社の社員の人には、私が選んだネクタイがどれなのかは、わかるはずもない。

それでも、すぐに対応を求めると、本社の人は、ショップスタッフになんとか連絡を取り、選んだネクタイをもって食事会の場所までもってきた。買った以外のネクタイもたくさん持参して、「どれでも好きなものをみなさんでお選びください」と、本社のスタッフは平謝りだった。

謝られても、とりあえず言いたいことは言わせてもらったが、よほど質《たち》の悪い輩《やから》でないかぎり、やはりそこまでされると「もういいです」ということになる。

かといって、そのブランドのショップに対するイメージと信頼はなかなか回復するものでもない。今度贈り物をするときは、違うブランドにしたほうが無難かなと、気分の悪さからそう思ってしまうものだ。

けれど次の日に、私は感心させられることになる。

なんと、以前からもちろんよく知っていたそのショップの総責任者の女性と本社の人とショップスタッフが、四人で私の会社まで訪ねてこられたのだ。

しかも私にそのブランドの大変高価なお詫《わ》びの品を持参して。そのプレゼントは、もらっても嬉《うれ》しくない品ではなく、とても私の好みを把握したステキな品だった。その上代の値段がだいたいわかるだけに、余計恐縮してしまった。

なぜなら、ビジネスが成立するかしないかという、瀬戸際のトラブルではなかっただけに、とりあえずはなんの打撃も受けずにすんだわけで、私の中の怒りは収まっていたからである。

そんな落ち着いた精神状態のときに、そこまで謝られ誠意を尽くされると、なんだか恐縮してしまうものだ。

「さすがだなぁ、名前だけじゃないんだ」と、ブランドへの信頼は一気に回復し、さらに、「やっぱりしっかりしているブランドなんだ」と、イメージアップまでしてしまう。

その責任者の女性が、以前から仕事のできる人というのは聞いていたが、改めてその手腕を知った。

「またお店にいらしてくださいね。今、お似合いになるドレスがたくさんありますから」と、謝罪だけでなく、さりげなく営業までされたからだ。

そんな会話から、お互いの緊張感はほぐれ、なんだかお店に行かなければ申し訳ないような気にさせられた。

私も常識ある人間なので、わざわざ謝罪に来て高価なプレゼントまでいただくと、「ラッキー」と、知らん顔はできない。お店に行って買い物をしなければ申し訳ないような気にさせられたわけだ。


それから数日後、私はお店に行って、あれやこれやとかなりの買い物をしたのだ。

今までは人への贈り物しか買わなかったのだが、そのトラブルをきっかけに、自分のものを初めて買った。

完全なる相手の作戦勝ち。どれだけ高価なプレゼントを私に贈ってくれようと、しっかり元は取っている。それどころか、それ以上に、私はお金を使ったわけである。もちろん、ステキなドレスがあったからだけど。

贈り物のための買い物のときには気づかなかったが、けっこう好みのものがあることを発見した。

これは、完全にトラブルを生かしてその魅力を認識させた、典型的な成功例なのだ。それに女性だからこそできた、繊細《せんさい》なケアだったように思う。


続いては、私が、トラブルで自分の評価を上げた出来事だ。

ある知人の紹介で知りあった目上の男性と、その知人と、私のスタッフを含む数名で食事していたときのことである。

その目上の方は、私のショーのときにいろいろ協力してくださったので、改めてお礼を言わせていただく場でもあったのだ。

けれど、食事がはじまり、間もなくすると、その方のちょうど向かいに座っていた私のスタッフが、なぜかスゴい勢いで赤ワインを倒してしまった。

その方はワインを思いっ切り浴びてしまい、シャツの胸が真っ赤に染まった。かなり大量に浴びたので、拭《ふ》いても大雨に降られたように濡れている。これからまだ食事は続くわけだから、乾くまでの間、きっと寒いはずだ。

「大丈夫ですよ」と言ってくださったものの、あまりの濡れ方に、私は「どうしよう」と焦《あせ》ってしまった。じっと乾《かわ》くのを見ているだけではとても心苦しい。

時計を見ると、シャツのショップが開いているか微妙な時間だったが、私はすぐにトイレに立つ振りをして、電話をしに行った。

車で待っているマネージャーに、本人のシャツのサイズを聞き、それを目安にその方のシャツのサイズに見当をつけ、二つのサイズとシャツの色を告げた。そして、とにかく急いでどこかのシャツ店に飛び込むように指示をした。

運良くデパートが閉店する寸前に入れたようで、滑り込みセーフでシャツが購入できた。しばらくして、戻ったマネージャーからシャツを受け取り、着替えてくださるようにと、サイズ違い色違いのシャツを二つお渡ししたのだ。

その方は「申し訳ない」と大変恐縮されながらも着替えてくださった。

白っぽいほうのシャツのサイズがバッチリあっていたので、私もホッと胸をなで下ろした。

そして、ここからますますいい方向に展開してくれた。

もうひとつ、サイズの小さいほうのラベンダー色のシャツが、私とその方を引きあわせてくれた知人にぴったりだった。もし、サイズがあわなければ、そのシャツは、私がいつもお世話になっている知人が着られればと思っていたので、その人が好きな色のラベンダーを選んでおいたのだ。

結局、シャツをプレゼントされた二人の男性が想像以上に喜んでくれた。

不意のプレゼントに、「ワインをかけられて良かった」とまで言ってくださり、そのトラブルで漂っていた心地の悪い空気が吹き飛んで、場はとても和《なご》みはじめた。

私の機転の利かせ方にも大変感動してくださったのは、私の嬉しい計算外の展開だった。とにかく、なんとか流れを変えないと、という思いと時間との闘いの中で、必死に対処に励《はげ》んだだけだったのだが……。

そのトラブルからだいぶ経ってからも、知人の話によると、その方の中にはそのときのことが強く印象に残っているようで、好感をもってくださっていると教えてくださった。

私はこのことから、いろいろなことを学んだ。

何も起こらない穏やかな時間の中でも、いつも予定通りに事が運ぶわけではない。

何が起こっても、そこで冷静に落ち着いて対処することで、必ず良い方向に空気は流れ

てくれる。

そのトラブルに直面したとき、その人の強さや弱さ、繊細さや鈍さが露呈《ろてい》する。

そこで、人への思いやりと冷静さをもってトラブルに対処すれば、逆に、誠意が通じ自分を評価してもらえる良いチャンスになる。トラブルがあったからこそ、自分をよりアピールすることもできるのだ。

その対処の仕方さえ間違えなければ大丈夫。小手先ではない、相手を思いやるいつわりのない気持ちにしたがって、精一杯のエネルギーを費やせば、必ず良い選択が導き出せるはずである。

女性ならではの繊細さを生かして、底力を発揮すればいいのだ。

これも、また、自己演出のひとつではないだろうか。

第3章 いい男と愛を育む作法

11

男という生き物を知る

恋人や夫と愛を育《はぐく》むには、男の本質を理解し、それを受け止めることが必要だ。

私はいつも思う。

男とは、なんとけなげで可愛い魅力的な生き物なのだろう、と。

ときには息子のように愛《いと》おしく、そして手こずらされる。かと思えば、兄のように優しく、弟のように甘えん坊である。父のように頼もしくもあるが、どうしようもなく愚《おろ》かなときもあり、悔《くや》しいくらい理論的である。

一生懸命に責任をまっとうしようと、そして忠実であろうと頑張《がんば》る。

それが、男の魅力で、可愛いと思われる所以《ゆえん》なのだと思う。

年を重ねるごとに、私はそう思うようになってきた。

だから男という生き物が大好きだ。

もちろん、好きなのは、こういう要素をもった魅力的な男にかぎって、である。

男という自覚をもたない、いい男であろうと、頑張らない男は論外だ。


いい男とは、男らしい男とは、どんな男なのだろうか。

私が思うには、やはり高い志と信念のある男だと思う。

それが、自分のためだけでなく、誰かのため、何かのためであることだ。

さらには地域のため、社会のため、国のため、世界のため、と広い視野をもっていればなおさら素晴らしい。

そして、これを遂行するためには、ときには自分を犠牲にすることさえいとわない、愛と情熱のある男、これが男らしさの定義ではないだろうか。

そして、そんな男を生み出す背景には、必ず人生の挫折《ざせつ》や苦悩があり、ときには心に傷を負っていて、それがバネとなり、強くて優しい男へと成長をとげる。

今の時代、そんな男はとても少なくなった。

戸籍だけが男という、男の美学をもたない、もとうとも思っていない男が多くなったように思う。

現代に生きる私たちには、なかなかリアリティのない話だが、昔は国のために、自分の命を犠牲にする男たちがたくさんいたわけで、やはり時代の影響は大きいと感じる。

それでも時々は、命までとは言わないが、今の時代でも、自分を犠牲にすることをいとわない、そんな気骨《きこつ》のある熱い男もいるものだ。

組織の中の自分のポジションばかりにこだわり、それを守るために誇りを捨て、保身に走る男はたしかに多いが、それも家族のためと言われてしまうと、やはり男という生き物は、女よりはるかに社会や組織にがんじがらめになっているのである。

ほとんどの男は、社会での自分のステータスを男の値打ちと捉えている。

それ故に、それを上げることばかりにモチベーションを置き、自分の真の実力をつけ、そこで勝負していくことの大切さをおろそかにしがちなのだ。

真の実力をつけて、一匹狼《いっぴきおおかみ》で勝負している人は本当に少ない。そういう男が組織にいたら、出世コースからは外されるし、能力を発揮することさえも阻止《そし》される。そういう男は組織から脱却し、異端児《いたんじ》として成功したりする。それが真の実力というもの。私はそういう異端児が、男と女の枠を超えて、人間として大好きだ。

けれど多くの男は組織で生きているかぎり、実力より政治力を取る。だから男の嫉妬《しっと》や妬《ねた》みは、女のそれよりもっと根深く陰湿《いんしつ》なのだ。女同士の嫉妬など可愛いもの。女は自分の社会的ステータスを競って嫉妬なんてしない。女の嫉妬はもっとストレートだ。

男がそんな組織の中で生き抜くには、やはりいろんな駆け引きを必要とするし、神経はすり減るだろう。だから、今は女のほうが元気なのかもしれない。

そんなわけで、社会で闘っていく男たちが、ひとつのアピールとして、見栄を張るのはやはり仕方ないことなのだ。

男が女より見栄っ張りなのも、そういう背景があるからだ。

必ずしも、女にモテようと見栄を張っているわけではない。意外と、女の目線よりも男の目線を気にして競っていたりする。

男同士の間で、優越感に浸ったり、劣等感をもったりしながら、社会の中での自分と他人のポジショニングをしているのだ。

女からしてみればくだらないことのように感じるが、それによって切磋《せっさ》琢磨《たくま》されるなら、まあ、それも悪くないのかもしれない。

それに、多少の見栄は美意識ともつながるものだから、最初からそれを放棄し、闘いの土俵に上がらない男もつまらないものである。

大事なのは、その見栄がすべてにならないことだ。そんなことは自己アピールのほんの一部分にすぎないということと、そんな見栄を張っている自分の小ささを知ることなのだ。

そういう男の見栄は、どれだけくだらないと思いつつも、可愛いものだと受け止めてあげるほうがいい。

車や時計やクレジットカードの色で、少しでも自分を大きく見せたいと思う美意識のある男たちがいるから、銀座のクラブのようにスマートな遊びが成立するのだ。

そういう遊びの場であっても、男はしっかりと自分の社会的立場を意識し守りながら、社会活動の一環としてそこへ出入りする。

ホストクラブでのホスト遊びのように、本能にあらがえずのめりこむ美意識を失った女の遊びとは種類が違う。ホストクラブでスマートに遊ぶ女性などほとんどいない。

そういう意味では、男は非常に理性的で、計算をする生き物だ。

女は、ときとして感情に走り、もうひとつの頭脳ともいうべき子宮で物事を考える。

それが男と女の遊び方の違いに反映されているのだろう。


夜のクラブは、銀座の高級クラブからキャバクラまで様々なレベルで幅広く、どこへ出入りしているかで、男のステータスがだいたい見えてくる。

車や時計やクレジットカードと同じように、やはり銀座の高級クラブで遊ぶことが、ひとつのステータスなわけだ。

キャバクラの個人活動で満足している男たちは、ひたすら女に対する欲望で行動していると思われる。そこの美意識は低く、女のホスト遊びの類と大して変わらないように思う。


そして男は、臆病な一面もある。理性的で計算があって臆病な面があるから、面倒くさいことが嫌いだ。

あとくされのない一夜の恋を望んでいる男は少なくない。

行動に移すかどうかは別として、あとくされのない一夜の恋を、まったく望んでいない男がいたら、貴重な存在ではないだろうか。もし、そんなことにまったく興味のない、恋人や奥さんひとすじという男がいたら、天然記念物ものといっていいくらいだ。大事にしたほうがいい。

そんな一夜の恋に憧れをもっている女もいるが、女は一夜の恋のつもりでも、なかなか割り切れないものを感じるはずだ。かなり、心身ともに男性的な回路をもっていないと一夜の恋は無理である。

もうひとつ、先ほどの話に戻りたい。

女の子宮は、第二の頭脳で、子宮で物事を考えるということについて補足しておきたいと思う。

それは悪いことではない。否定できない女の性《さが》であるからだ。

自分が心身ともに健全であれば、正しい答えがおのずと出る。注意しなければならないのは、心身が健全でないときだ。

そんなときは、悪い男に翻弄《ほんろう》されたり、ネガティブな発想しか浮かばなくなる危険があるから、やはり心身ともに健全を保ちたいものだ。

さて、男の本質をさらに考えてみたいと思う。

ある男性いわく、最近の男は弱くなったと言われるが、それは、女が強くて男が弱いという本来の姿に返っただけだそうだ。

「男の子なんだから泣くな、男の子なんだから強くなれ」と、弱い男に男は強いのだというすりこみをし、「女の子なんだからおしとやかにしなさい」と、本来強い女を抑えるために、そのように教育されてきたのだそうだ。

それが、今の教育ではどんどん薄れていき、男も女も関係ないという社会になり、自然と女が力を発揮しはじめただけだという。

なるほど一理《いちり》あるな、と思ってしまった。

だから、いまだに政治の世界をはじめ、男性社会であるのは、女に牛耳《ぎゅうじ》られたくないという必死の抵抗なのかもしれない。

男の議論好きは、そんなところからきているのだろう。

知識と見識を闘わせ、自分の力と能力を誇示《こじ》したいのだ。

女はムダな闘いを好まない。闘いの中で自分の力を誇示しようとする男の社会であるから、戦争も起こるはずである。

女は子を産み育てるという、生まれつきの母性本能をもっているから、ムダに人を死なせるというＤＮＡをもちあわせていないのだ。

そんな弱い男だから、権力や地位を欲しがる。それが鎧《よろい》となって身を守ってくれると思っているのかもしれない。

けれど、それらは本来自分のために使うものではなく、人のために使わなくてはならない。そうしたとき、はじめて権力や地位は頼もしい男の象徴として輝くのだ。

女性の中にも、男の地位や権力、ステータスにこだわる類《たぐい》の人がいるだろう。ただもっていればいいというものではない。

それをどう使っている男なのか、しっかり見極めるべきだ。

男と女の本質を理解すれば、恋人や夫、仕事関係の男たちとも、どうかかわっていけばいいかが見えてくる。お互いの良さを生かし、足りないところは補いあって、光と影、プラスとマイナスのように、うまく調和していけるはずだ。

けれど、結局、男をこの世に生み出すのも女であるから、男は女についつい甘えがちになる。

子どもの頃は、母親に、大人になれば、奥さんに……。

奥さんに先立たれて不自由する男性も多い。

男は、とかく不完全でデリケートな生き物である。

けれど、不完全でデリケートだからこそ魅力的だし、それがシェフや料理人や職人のようなクリエイティブな才能につながっていたりもする。

そして、ときにはその不完全さが、強烈な指導力をもって人を動かしたりもする。

知れば知るほどに、魅力的で可愛い生き物なのだ。

12 いい男は見つけるのではなく育てるもの

自分とつきあっている男には成功して幸せになってほしいと、愛しているならそう思うだろう。

けれど、ひとつ間違えれば、その思いは恨《うら》みへと変わることもあるようだ。

たとえ、別れ際にどんなことがあろうと、「失敗しろ！」「ざまあみろ！」なんて、決して思ってはいけない。

そう思うことになってしまった要因の一端《いったん》は、女にもあるわけで、相手をののしり責め立てていては、自己反省がまったくない証である。

それでは、その失敗が次の恋愛に生かされない。

人は、常に小さな失敗を繰り返し、反省して成長していくもの。

別れ際にイヤな思いをしたとしても、その悔しさをいつまでも相手に向けていてはダメだ。自分を見つめ直す反省の機会にしなければ、絶対に成長はしないし、幸せにはなれない。

「こうなったのはあの人のせい」と、自分が幸せじゃないことを、ずっと男のせいにして引きずっていては時間とエネルギーのムダ。

そんな足踏みしている状態では、決して前に進めない。

人を恨んでいると、その険《けわ》しい思いは顔の表情にまで蓄積されて、必ず醜くなってしまう。

時々、別れた男を恨むことに執念《しゅうねん》を燃やしたり、別れてからもいつまでも悪口を言い続ける女性がいるが、そういう女性はもともと男を育てることができない。

男を育てるということは、同時に自分も育たなくてはならないのだ。

日々繰り返される心の行き違いによる衝突や、相手に対する小さな失敗を繰り返し、それを反省しなければいけない。

相手と向きあって、お互いが自分を見つめることで、男と女が理解しあうことを可能にする。

ちょうど子育てを経験した人がみんな言うように、子どもを育てているつもりが、実は子どもによって親が成長させられていることに気づいたりする。

男を育てるということも、それと同じなのだと思う。

こちらが、いくら育てているつもりでも、男と女という別の生き物が理解しあうためには、かなりいろんなことを乗り越えなければならないので、気づくと忍耐《にんたい》が身についていたりする。

結局、相手が成長してくれたなぁと感じたときは、同時に自分も成長しているのだ。

だから、男に対して、たとえどんなに力を尽くしてきたという自負があっても、「私があなたを育ててきてあげたの」という意識は、男にとっては非常に押しつけがましく、ありがたいものとは思えないのだ。

ともすれば、男の目には傲慢《ごうまん》に映るし、男のプライドを傷つけかねない。

女は、男を見守りながら、その間違いに気がついたとき、そっとプライドを傷つけないように修正していくことだ。

成長すればするだけ、人間は相手に対して謙虚《けんきょ》な気持ちになれるもの。

自分のために彼がしてきてくれた努力や我慢や、そういったことをときには思い出してみることだ。

自分はいくらパーフェクトのつもりでも、相手にとっては必ず不足な部分があるはず。その不足な部分を、いかに自分で自覚して、何かしらの形で埋めていくことができるかだ。自分の思う通りのいい男に成長してもらおうと思ったら、まず相手を心地よくさせなくては言うことは聞いてくれないだろう。

頭ごなしの相手への要求では、なかなか相手の心は動かない。感謝の気持ちや労《ねぎら》いの言葉を伝えたり、上手に甘えることで、男のプライドをくすぐり相手を動かす。

そして何よりも、この女と別れたくないと真剣に思えば、男は自然と努力するし、努力せざるをえないのだ。

何をやっても許してくれる、絶対に俺とは別れられるはずがない、という甘えと危機感のなさは男の成長をさまたげる。

だから男があまりに理不尽なことを言い出したら、ことによっては真っ正面からキッパリと正すことも必要だ。

その際、やはりある程度の衝突は覚悟しなければならないが、いい関係を築くためにも必要なのだ。

衝突を避けて、なんでも目を瞑《つむ》ってしまうのはよくない。ささいなことには目を瞑っていいと思うけど、重要な問題からは、やはり目をそらしてはいけない。

ある程度、衝突を覚悟で真剣に相手に訴えれば、そのときは意地を張って男が非を認めなくても、本当に大きい愛をもって相手のために、二人の未来のためにと考えているのなら、後から必ず気づいてくれる日がくるだろう。

それは一ヵ月後かもしれないし、一年後かもしれない。

何度も同じことを繰り返さなくてはならないかもしれない。少し根比《こんくら》べのようなところがある。

それでもわかってくれないときはどうしたらいいのか……。

相手に本当にわかってほしい、変わってほしい、どうしても見過ごせないと思うならば、ときには二人の関係を終わらせるくらいの覚悟でのぞむことも必要だ。

自分の今の状況を都合よく守りながら訴えていても、どうせ彼女には俺が必要なのだからと、危機感をもってくれないかもしれない。

もちろんこれは、あくまでも、相手が一〇対〇で非のある理不尽なときである。

よく離婚を言い渡された夫が、妻がそこまで思いつめているとは思ってもみなかったと言う。

妻は、とことん我慢した末に耐えきれず爆発したのだと思うが、夫にはそんな妻のフラストレーションは、離婚を言い渡されるまで微塵《みじん》も伝わっていなかったわけだ。

爆発する前に、なんとかして思いを伝えることを日々の中で怠《おこた》らないことが大切だ。なかなか伝わらないと思っても、そのエネルギーを惜しまないこと。

いずれにしても、そういう試行錯誤の連続が自分を成長させてくれる。

結局、それを面倒くさがらず妥協せず、相手に伝えていく作業が、男を育てるということではないのだろうか。

私には、今まで男を育てるということにおいて、大変な欠点があった。

相手との信頼関係をえるまで、無理難題で相手を追いつめて、その試練を乗り越えないと絶対に納得しないというような、サディスティックな一面があった。

そして、それをイヤがらず、もう限界と思いながらもなんとか乗り越えた男に対して、絶対的な信頼を寄せ、どこまでも相手を受け入れてしまう。

相手と自分の境界線がわからなくなってしまうくらいに。かつてはそういうところがあった。その信頼関係の成立を境に、私のサディスティックだった性癖がマゾヒスティックに変わるのだ。

私は、なんでも言うことを受け入れすぎる傾向にあり、またそれを幸せと感じたり、ついつい母性愛にまかせていたれり尽くせりとやってしまう。

もちろん、尽くすことに幸せを感じる女にとってはしかたないことなのだが、それも度《ど》をすぎると毒でしかなくなる。

なんでも度をすぎるのはよくないのだ。

アメとムチをバランスよく使い分けられないと、アメの美味《おい》しさは半減してしまう。

あれこれと、やればやるだけ感謝されて良い関係になるというものでもないようだ。

人間の心理とは不思議なもので、押せば引くし、引けば押してくる。

私がそのような傾向の性質であることを見抜いたある四柱推命の先生に、「子育てもそうでしょ、可愛いからといってケーキばかり与えていたら、健康を害するし、そういう甘やかしはいい子に育たないものでしょ、男性もそれと同じです」と指摘された。

たしかにそうだと、非常に納得させられたのだった。

相手といい関係を築いていけるかどうかは、結局、自分次第なのだ。

相手が幸せにしてくれると待っているだけでは、自分が変わらないかぎりは、何も変わらない。そういう受け身の女が別れ際に「何もしてくれなかった」と男を責めるのだ。やりすぎる傾向にあった私の場合、男を甘やかすだけ甘やかしておいて、こんなに私が頑張ってるんだから、もっとあなたも頑張ってよ、と心のどこかで思ってしまう。

努力を強要しがちになるのだ。

努力は、強要されてできるものではない。

本人が、何かに気づいて、初めて努力するようになるのだから。

そのモチベーションは、女が想像しなかった意外なところにあったりするものだ。だから、相手を自分の世界に閉じこめようと束縛するのはよくない。束縛は、成長を妨げる。ある程度の束縛は、愛されている実感をもつひとつのプレーとして成立するが、やはり度を越すと、お互い息がつまるだけだ。

大人の束縛は、あくまでも余裕をもっていなければ。

これから恋愛をする女性のみなさん！

いい男がいないと嘆《なげ》いたりしないで、私が立派にいい男に育ててあげる、というくらいの男前な気持ちで恋愛にのぞんでみてはどうでしょうか。

その際、決して上から目線の「育ててあげる」ではなく、下から男を押し上げるような意識でいることが大切と思われます。

彼や夫に不足を感じている人も、足りないところにばかり目を向けるのではなく、良いところは誉《ほ》めること。

誉めて自信をもってもらって、さらに良いところを伸ばしてもらうことです。

男性は、誉められるのが大好きだから、誉められると気持ちよく女性の言うことを聞いてくれるでしょう。

ちょっとしたことでも、「優しいよね」って言うと、男はどんどん優しくなってくれるし、「本当にいい男だよね」って言うと、いい男になろうとするものなのです。

誉めて、どんどんいいところが増幅すれば、不足だと思っていた部分が意外と気にならなくなったりもします。

お互いが見つめあい、自分が少しでも多くのことに気づくこと、また相手に少しでも多くのことに気づいてもらうこと……。

そういうふうに導くことができたら、男は成長してくれる。すなわち、私たち女の成長にもつながるのです。

13 価値のある恋愛であること

人を愛することは、この世でもっとも価値のあることだと思う。

どれだけ貴重で高価な宝石よりも、どれだけ立派な家よりも、人を愛することは、どんなものにも代えられない価値のあることだ。

人が、心と心でつながっている絆《きずな》を感じたとき、これほど勇気を与えられる、また心安らぐ瞬間はない。

夫や恋人や友人や家族やペット、あらゆるものを愛する中で、今回は恋愛に焦点をおいて、価値のある恋愛とはどういうものなのか、考えてみたいと思う。

人はみんな、幸せになるために恋愛をする。そして結婚をする。だけど、その選択を間違えてしまうと、幸せどころか暗澹《あんたん》たる人生を送ることになりかねない。

まるで羽をもぎ取られた鳥のように羽ばたけなくなって、世界を狭くしてしまう。まるで歌を忘れたカナリアのように、その能力を発揮することなく、輝きを失ってしまう。

恋愛とは、自分をより魅力的に輝かせてくれるものであり、自分に羽ばたく勇気を与えてくれるものでなくてはならないと思う。

二人で人生を歩む意味とは、自分の力や生き方、相手の力や生き方が、お互いの支えや後押しによって、より大きく、よりダイナミックになることではないだろうか。

けれど、特に女は男に左右されやすい。相手のキャパシティ次第で動ける範囲は変わってくるし、やれることの次元も違ってくる。

男もまた、選ぶ相手次第では、夢をあきらめたり、身動きのとれない足枷《あしかせ》をはめられたような生き方を強いられる場合もある。

私はよく男と女の関係を、社交ダンスやアルゼンチンタンゴのペアダンスにたとえる。

ペアダンスには、男と女のあるべき姿やその関係性が、ギュッと凝縮されていると思う。

ペアダンスは、男が基本的にリーダーで女がパートナーである。

リーダーである男は、進む方向やスピードや、女性をどう動かすかも、すべてを決めなければならない。女はそれを敏感に感じ取り、先走ったりせず落ち着いてしたがっていかなければならない。そして、そのリードの合間で、自分を美しく優雅に表現する。

男は、瞬時の決断力、女を心地よくリードする繊細《せんさい》さ、危険を回避し女性を守る姿勢を問われる。女はそのリードに柔軟に対応する能力を問われ、リードにしたがいながら補助することも求められる。

非常に男と女の役割がはっきりしていて、男であること、女であることを改めて考えさせられるのだ。

そんなペアダンスは、一人では決して成立しない。二人だからこそその素晴らしさがある。その二人で踊る素晴らしさは、二人で歩む人生の素晴らしさと重ねあわせることができる。女は男のたくみなリードとその信頼感とキャパシティによって、一人で踊るときより、はるかにスピードのある動きができたりする。

一人ではたいてい転んでしまいそうなスピーディーな動きでも、男のリードと補助でダイナミックに踊ることができるのだ。

ポーズにしても、一人では決して立っていられないバランスで立つことができるし、一人では跳ぶことのできない高さに跳んだりもできる。男のリードや補助にミスがあればケガにつながるので、大胆に動けば動くほど、そのリスクは高まり、信頼関係がなければ思い切って踊ることはできない。

男次第で女の踊りは変わるが、だからといってすべてを男にゆだねるわけではなく、もちろん自らもしっかりと地面を踏みしめてバランスを保つ能力がいる。

男が動きやすいように、女は自分がいるポジションや体のスタンスを微調整していく。これができてはじめて、パワフルで美しいダンスのハーモニーが奏《かな》でられるのだ。

いくらお互いにダンスの実力があったとしても、どちらもがお互いに協力しあわないかぎり、ペアダンスは成立しない。男と女がそういう役割を意識したら、男は男らしく、女は女らしくあろうと努力するのではないだろうか。こんな関係を人生でも築くことができたら素晴らしいと思う。

価値のある恋愛とは、お互いが影響しあい、視野を広げていくことだ。

その影響は、どちらかが一方的に与えられるものではなく、やはりお互いが影響しあうことで、お互いにとって価値のあるものになるのだ。

たとえば、まったく興味のないことや嫌いだったことなのに、男の影響でその新しい世界に触れ、先入観や偏見がなくなることもある。

愛しているなら、男が何に興味を抱いているのか覗《のぞ》いてみたくなるものだ。どっぷりと同じようにその世界にハマることはないにしても、「こういう世界もあるんだなぁ」と、知らなかった世界の面白さや素晴らしさに触れて、それを認めることは人間としての視野を広げる。

たとえば、フランス映画は小難《こむずか》しいという先入観で興味のもてなかった男や、フランス映画の良さを知らなかった男が女の影響で観たとして、そこからフランス映画を好きになったりすることもある。そういうことが視野を広げるということなのだ。

たとえ好きになれなかったとしても、そういう世界があるということを知ることが大切で、食わず嫌いはよくない。世の中にある素晴らしいものに触れる機会をもち、自分の感性や目を肥やしていくことで、どんどん視野は広がる。

料理なんかもそうである。こんな美味しいものがあったんだ、こんな食材があったんだ、という類も同じように視野を広げることにつながる。

なぜ、視野を広げることが大切なのかというと、視野を広げないと人間として成長しないからだ。井の中の蛙《かわず》では、成長できない。素晴らしい人生哲学や深い知識、スゴい能力をもった人たちに触れることで、まずは自分の未熟さを知る。

そして触発されて、目指す自分の姿が明確になり、より具体的な努力をするようになる。

つまらない小さなことで悩むのも、視野が狭いからである。

視野が狭いと、それが小さなくだらないことだということに気づけないのだ。

世の中には本当に重大な問題を抱えている人もいる。それを知ることで、自分の悩みがいかに小さな問題で、そんなことはちょっと視点を変えるだけで、すぐに解決してしまう悩みであることに気づけるはずだ。

そんな小さな悩みは、自分のエゴを捨てればたいていは解決するものである。自分の利益に執着しすぎたり、損をしたくないとムキになるから悩むのだ。そして、失敗したくないとか、良く思われたいとか、そういう欲をもつから臆病《おくびょう》になって悩んでしまうわけだ。

もうひとつ、価値のある恋愛についてだが、二人の価値観が一致すること、これはとても大切だ。

同じ目標や志があれば素晴らしいが、たとえそれが同じでなくても、お互いの目標や志に共感し、相手を応援する。たとえ物理的な応援ができなかったとしても、心から応援する気持ちと、**相手のために何ができるだろうと考え、少しでも役立ちたいと何かしらの行動をする。そういう姿勢が相手に勇気を与えるし、何よりも愛を伝える手段になるのだ。**

たとえその価値観や生き方が他人に理解されなくても、二人が理解しあっていればいい。その価値観に自信をもって、二人で目標に挑み、愛を育むことが大切なのだ。二人で共有する世界があることで、余計に心の結びつきが強くなり、お互いが絶対的な存在になれる。夫婦や恋人でダンスなど同じ趣味をもつことも、同じ世界の共有である。

そして、**価値のある恋愛を育むには、依存心が強くてはいけない。**

相手を必要とするのと、依存するのとではまったく意味が違う。

恋愛だけでなく仕事もそうだけど、人がなんとかしてくれると思ったら大間違いだ。

私のいる芸能の世界も、成功する可能性のある人とない人の違いは明らかだ。成功する可能性のある人は、事務所が与えてくれるのはあくまでもきっかけで、自分でチャンスをつかもうとする。成功の可能性のない人は、事務所がなんとかしてくれると、チャンスが訪れるのを待っているだけ。だからうまくいかないときは、「もっとこうしてほしい、ああしてほしい」と人のせいにしたり、要求ばかりする。

恋愛も同じなのだ。要求ばかりで自分からは何も与えないのでは、相手だってしまいにはイヤ気がさす。男が幸せにしてくれるわけではなく、一緒に幸せを創造しなければならない。

そして、いつも新鮮な気持ちでいることも大切だ。

ついついワンパターンになりがちな日々の生活だけど、時々は何かに刺激を受け、お互いの新たな面を発見したり、引き出したりしあわなくては、新鮮さは保てない。長年つきあっているからとわかっているつもりでも、人は変化する。本当に興味をもって見ていないと、意外と知らない面をもったまま時間だけが経過していたりするものだ。

価値のある恋愛を育むには、ユーモアも必要だ。いつもシリアスな顔をしているだけでは、愛は育たない。同じことで笑いあえるという幸せを共有すること。

これについては、次の「喜怒哀楽を共有する」で詳しく述べていきたい。

笑いで心が解きほぐされたとき、二つの心が一瞬ひとつになる。

そんな瞬間がいくつも重なりあい、小さな共感を日々重ねていくことで、お互いに喜びと安らぎを感じながら、愛を育んでいくのだ。

14 喜怒哀楽を共有する

愛を育むためには、〝喜怒哀楽〟を共有することが大切だ。

同じ感情を共有しあうことで、喜びや楽しみは倍増し、怒りや哀《かな》しみは和《やわ》らぐ。

いくら成功しても、いくら評価されても、その喜びを一人で味わっているだけではつまらない。

まるで自分のことのようにともに喜んでほしいし、喜んであげたい。

食事にしたってそうである。いくら美味《おい》しいディナーを食べていても、その感動を共有し、その感動について言葉を交わしながら食事したほうが、はるかに美味しいし、幸せを感じる。

怒りや哀しみも、その感情を理解して共有してくれる人がいるという安心感が、傷ついた心を癒し、折れそうな心を支える。

苦楽をともにすることで、男と女を超えて、人と人として、その結びつきは強くなるのだ。

喜怒哀楽の共有は、お互いの心がつながることで強さをえて、前向きに人生を歩むために必要である。

怒りや哀しみというマイナスの感情に、二人でどっぷりと墜《お》ちていってはどうしようもない。


共感と同情を間違えてはいけないのだ。

共感は、同じ哀しみの感情を共有しながらも、冷静に相手を救う道を考える。

けれど同情は、同じ感情に浸ったまま這《は》い上がることができない。

同情することが、なぜいけないのか、ある人に言われたことが印象的だった。

井戸の中に落ちて苦しんでいる人がいたとして、同情というのは、「かわいそうに」と自分も一緒に飛び込んで溺《おぼ》れていくことだと。たしかにそれでは何も解決しない。

共感は、その溺れている人の苦しみを理解し、なんとか助けようと井戸の上から手を差し伸べることで、問題の解決につながるわけだ。

喜怒哀楽の中で、喜びや楽しみは共有しやすい感情だけど、哀しみや怒りを共有するのは大変なことである。

たとえ、二人にとって同時に訪れた哀しみであっても、それを乗り越える速度は人によって違う。

一方が、先に立ち直って、一方が、まだふさぎ込んでいるとき、「いつまで悲しんでるの、もういい加減にして！」と思ってしまうこともあるだろう。

だけど、一番そばにいて、誰よりも自分を理解してくれるはずの人間からそのように言われてしまうと、とてもショックだし傷つく。哀しみに輪をかけるようなものだ。突き放された以上のショックを感じる。

もちろん、その哀しみの種類によって対応の仕方は変わるだろうけど、ただひたすらそばにいて見守り、哀しみが癒えるまでそっと待ち続けることも優しさだ。

これも感情の共有である。

けれど、ことによっては、厳しい言葉も必要になる。

その哀しみや怒りが、「どうせ俺なんて……」と投げやりになってしまったり、「もうどうでもいい……」なんて破滅的な方向に向かってしまったときは、厳しい態度で接しなければならない。

けれど、たとえ何を言ってもすべては本人次第。無理やり相手を変えようとするより、ひたすら自分自身がやるべきことを遂行《すいこう》し頑張るしかない。その姿に、何かを感じてくれるまで待つしかないのだ。

一緒になってネガティブな方向に流されないようにしなくてはいけない。その期間を共有し、そして乗り越えれば、それはまた新たな絆《きずな》となって二人の愛を育んでくれる。

怒りにもいろいろな種類があると思うが、ケンカが二人の仲を深めてくれることもある。

もともとケンカするエネルギーは、相手が好きで期待するからこそ湧《わ》いてくるもの。ケンカするほど仲がいいというのも、たしかに一理《いちり》ある。

好きと嫌いは紙一重。好きだからこそ、許せなくなってしまう。

好きじゃなければ、何をしていようと気にならないものだ。

お互いに理想を求め、理解してほしいと思うが故のケンカなら、とことんケンカし尽くしてみるのもいいかもしれない。

その際、お互いを傷つけあって、心身ともに疲れ果ててしまうかもしれないが、そういうとことんまでやるというのも、若いエネルギーにあふれているからこそできること。

とことんまでやると、相手の本当の姿や本心も見えるし、また自分が気づかなかった自分の本心までも見えてくることがある。

彼のこういうところが許せないし大っ嫌いなのに……こんなに傷つけられてるのに……それでも本心から嫌いになれない、やっぱり愛してるんだ、と自分の頭の中の理想と心の現実に、自分でも唖然《あぜん》としてしまうことがあるかもしれない。

そうなると、いい意味でのあきらめが生まれ、どうやったってやっぱり好きなんだからと、彼の欠点も愚かさも含めて、丸ごと受け入れて愛することができるようになる。

逆もそうだと思う。自分のどうしようもない欠点やわがままを、丸ごと受け入れて愛してくれたら、本当に愛されてるんだなぁと感じるし、感謝さえ生まれる。

こういう、とことんまでケンカし尽くして生まれた感情が、またひとつの絆となることもあるのだ。

もちろん理想からいうと、穏やかに愛を育んでいけるのが一番いいのだが、なかなかそうはいかない。

あらゆるトラブルを乗り越えることで絆は深まるし、またその絆を確認できたりするのだ。とことんまでやり尽くし、お互い年を重ねていくと、もうムダなエネルギーは使いたくなくなるし、できれば穏やかに過ごしたいと思うようになるが、若いカップルが最初からそんなことでは、ちょっと情熱不足のような気もする。

仕事も恋愛も一生懸命であるが故に、衝突が避けられないときもあるものだ。

もちろん、衝突する原因がないなら、それに越したことはない。

トラブルが絆を深める一方で、トラブルが絆を断絶することもときにはあるようだ。というか、そういう場合、あると思っていた絆は幻で、実は大した絆でなかったことを認識させられたにすぎないのだと思う。

たとえば事業に失敗した夫に対して、金《かね》の切れ目は縁《えん》の切れ目とばかりに別れる女性もいる。

企業の不正を告発して正義感をもって良いことをしたのに、会社からは解雇され、妻もそっぽを向いてしまったという話もある。

自分を信じて一緒に闘ってくれるはずの妻が逃げてしまうのだから、さぞ心細いことだと思う。

一人で闘うのはつらいものだ。

育んでいたはずの愛がもともとなかったか、あるいはそれがきっかけで崩壊したかだが、いずれにしてもすぐに壊れてしまう程度の絆だったわけだ。

こんな話を聞くと、保身に走った妻はなんて愛のない、そして臆病《おくびょう》で薄情《はくじょう》な女性なんだろうと思ってしまう。けれど、そういう絆を築けなかった男性にも、もしかしたら根本的な原因があったのかもしれない。

恋人同士や夫婦のことは、絶対に他人にはわからない、二人だけにしかわからない事情がある。他人が表面的な結果だけで判断できないところもあるものだ。

愛を育むうえで、あらゆる感情を体感し、二人でそれを共有すると、生活に変化がもたらされる。

喜怒哀楽を共有することで、一緒に泣いたり笑ったり、常に何かを感じて生きることが絆を深めるには大切だ。

チームでプレーするスポーツ選手たちは、ともに闘い、その中で勝利の喜びを味わったり、敗北の悔しさに涙したり、同じ感情を共有し、その絆を強くする。

恋愛も同じである。

そして、二人でタッグマッチを組んで人生を闘っていけば、一人で闘うよりはるかに余裕ができる。ときに人生は戦場と化す。一緒に闘える同志がいたほうが、より力を発揮することができる。

喜怒哀楽は、まさに恋愛の醍醐味、人生の醍醐味である。

この感情が、どれかに偏《かたよ》っていたら人生は薄っぺらく、人間に深みは出ないのだと思う。

人間としてともに成長しながら、愛を育んでいきたいものだ。

喜怒哀楽の共有は、愛を育てる最高の栄養素なのだから。

15

深く激しい恋愛のすすめ

近頃は、重い恋愛が敬遠されがちのようだ。

面倒くさがって嫌う人が多いらしい。

けれど、愛には苦悩がつきもの。

愛を追求すればするほど、苦しみや悩みはつきまとうし、面倒くさいことは当然のように増えていく。重い愛を端《はな》から敬遠されると、愛することそのものを放棄《ほうき》しているような印象さえ受ける。

私は、昔から重い愛の映画が大好きだ。ほんわかした切ない恋のストーリーも、ときにはいいけど、やはり心に刻まれるのは、ヨーロッパの重いラブストーリーである。

苦悩を抱えた男と女が、これでもかというくらい、お互いの心を求めあう姿は、建設的で合理的とはほど遠い。

人生をかけて、さらには命をかけて愛を追求する主人公の姿に、つい自分をだぶらせてしまう。

私が、かつて演じた、昭和の阿部《あべ》定《さだ》事件における定さんは、愛してるが故にセックスの最中、相手の命まで奪ってしまった。

男と女が愛しあうということは、ときには相手の人生を飲みこんでしまうくらい、破壊的な一面をもっていたりする。

愛とは非常に面倒くさいものなのだ。

でも、私から言わせれば、ライトな恋愛なんてする必要があるのかとさえ思ってしまう。ただなんとなく、今つきあっている人がいないから、たまたま告白されたこの人とつきあってみようかなぁと、そんな気持ちで恋愛する人もいるようだけど、私には、今までもそしてこれからも、そういう発想はない。

そんな恋愛と呼んでいいのかさえ微妙なライトなつきあいに、えるものがあるのだろうか。

前にも述べているように、人があらゆることに気づき、そして成長し、さらに愛を育むには、苦悩なしにはありえない。

映画のように、人生を破壊してしまうことはなくとも、愛を育むプロセスには、お互いの心に小さな傷は絶えないだろう。

「どうしたらわかりあえるのだろう」「彼は私をずっと愛してくれるのだろうか」「彼を失うなんて考えられない」と、恋愛する中で様々な悩みや苦しみや不安を感じて、ときには傷つけあいながら、それを乗り越えることで人は成長し、愛し方を学んでいく。

ライトな関係にはそんな悩みは生じないし、たしかにラクだといえる。けれど、ライトである分、恋愛の喜びも快楽も、浅いものしかえられない。

切ないまでにお互いの心を求めながら、それでもなかなか通じあえないもどかしさ。そんな苦悩とともにあるセックスほど、心と体が一体となって激しく求めあうことができる。だから自然と、心身ともにひとつになれた喜びを感じる。最高の快楽を感じることができた瞬間、深い感動さえ押し寄せるのだ。

恋に落ちるというけど、まさに恋は予期せぬときにやってきて、無意識に気がついたら落ちているものだ。

決して自分の意思でコントロールできるものではない。

だから愛の重さも自分でコントロールしているわけではない。心のままに愛していたら、自然と相手にその思いがのしかかっていたりするのだ。

もちろん、その思いをどこまでも受けとめてもらえたら最高だけど、相手に同じだけのエネルギーがないと、相手もお手上げの状態になってしまう。

重い愛に尻込みするのは、それが重すぎて身動きできなくなるのを恐れるからだと思う。嫉妬や束縛でがんじがらめにされるのを嫌うからだろう。

けれど嫉妬や束縛の気持ちは、ある種、愛のバロメーターである。

自分が好きになればなるほど、彼を失うことを恐れてしまうし、自分が愛しているのと同じくらい、彼は愛してくれているのだろうかと不安にもかられる。

彼の人生の中で、自分は誰にもまさる一番の存在になりたいと願うし、すでにそうであってほしいと思う。

けれど、そんな思いが嫉妬や束縛を生むこともある。嫉妬が向けられる矛先《ほこさき》は、女性にかぎったことではない。彼の周りにあるすべてのものに対してだ。仕事や友人や家族や、彼を取り巻く環境のすべて。そして、これからどうやっても知ることのできない過去にさえ、その思いが向けられることもある。

そんなこと考えたってムダだとわかっているのに、それでもあらゆる想像が頭の中をめぐり、エスカレートすると妄想にまで発展してしまう。

要するに、愛しているが故に、心という目に見えないつながりに不安を感じる。自分にも自信がもてないから、疑心暗鬼《ぎしんあんき》になって追いつめられてしまうのだ。

だからといって、そういう嫉妬や束縛の気持ちを否定することはない。その気持ちとどうつきあっていくかを考えたほうがいい。うまくつきあえれば、それは恋愛の最高のスパイスとなって、セックスに甘美な快楽をもたらしてくれるし、二人の愛に刺激を与えてくれる。

自らの嫉妬の心とうまくつきあい、彼の嫉妬心をうまく操《あやつ》ることができたら、ときめきと官能を失わない男と女の関係を、ずっと継続することが可能なのだ。

根本的に、嫉妬心なんて本当に自分勝手なものである。ピークをすぎれば、必ず落ち着いてくるものだ。

この人は私から離れないという安心感をもち、相手のあらゆることを知り尽くしてしまうと、必ず嫉妬心は穏やかな下降線をたどる。

人の心は、安心感をうると、ときめきを失う仕組みになっているようだ。

今度は、いかにその気持ちを失わないようにコントロールするかが重要になる。

人間同士の愛を育むうえでは必要ないが、男と女としてい続けるには、この嫉妬が大切な接着剤のような役割を果たしてくれる。

たとえば**相手が魅力的でいてくれるだけで、自分が魅力的でいるだけで、ほのかな嫉妬心は芽生えるものだ**。

魅力的であるということは、他の男性からの視線や女性からの視線を集めることにもなる。誰かがアプローチをかけるかもしれない。そんなどこか安心できない状況でいることが大切で、その思いが気持ちをかき立ててくれる。

他の男性からも興味をもたれる女であることが、結局、自分に興味を失わせない、男をときめかせる鍵である。

その逆もまた同じ。

彼が魅力的でいてくれるかぎり、自分のほのかな嫉妬心を継続することができる。

こういう人が時々いる。人のものでないと燃えないという人だ。いわゆる不倫の間が一番充実していたというのだ。彼が奥さんと別れたら、なんだか彼に対する欲望が消えてしまった、ということがあるのだ。

安心が、スパイスとなっていた嫉妬心を消してしまい、かき立てられる要素がなくなった典型的な話である。

また、こんな人もいる。そういう嫉妬心をうまくコントロールできない典型的な人。ちょっと肌の露出の多いファッションをしただけで、異常に嫉妬する男。自分の恋人の肌が人目にさらされるのがイヤだとぶちぶち言う男である。

そういう男は、自分に自信がないのだ。そして、そういう男にかぎって、彼女に飽きるのも意外に早い。そんなふうに抑えつけられている女性は、彼の言う通りにファッションや振る舞いを制限してしまう。それでは女として魅力的に輝けるはずもない。

魅力を失った女性に対して嫉妬心は生まれない。それに、女性のほうも最初はその独占欲に喜びを感じるかもしれないが、だんだんうとましくなってくるものだ。

お互いに手綱《たづな》を握りあいながらも、自由なスタンスでいることが、重くなりすぎず、男と女でい続ける秘訣である。

そんなに躍起《やっき》になって手綱を引っ張らなくとも、自分を魅力的に保ち、純粋に深く激しい愛で男を包むことができたら、男性が離れていくことはない。

女もまた魅力的な男から、絶対的な揺るぎない愛を注がれたら……深く激しく愛されたら……その男の愛を失いたくないと思う。

では、深く激しく愛するとはどういうことか……。

どれくらい男に惚れることができるかということだ。

また、深く激しく愛されるには、どれくらい男に惚れさせるかということだ。

本当に純粋に男を愛したら、男の人生に貢献したいと思うはずだ。男から何を与えてもらおうではない。

愛してしまうと、男の心も体も魂さえも、すべてを奪ってしまいたいと思うほどの情熱にかられる。

けれど、その先にある愛とは、奪うことではなく、何を与えることができるかなのだ。

だから奪うことと与えること、その思いは常に表裏一体である。

阿部定の愛に見られるように、愛する男の命を奪い、自分の人生を犠牲にしてすべてを男に捧《ささ》げるという、表裏一体の濃厚な愛の縮図。

奪いたいと思うほどの狂熱をもちながら、与えることに情熱を燃やし、喜びを見いだす。そんなふうに愛するべきだと私は思っている。

この世に生まれた自分の存在意義があるように、相手の人生の中で、自分の存在意義を見つけることが必要なのだ。

そして、その自分の存在意義を認めてほしいと思うからこそ、相手にとって価値のある女になろうと努力する。

逆に、相手が自分にとって価値のある存在になろうと努力してくれることで、純粋な愛を感じるはずだ。

決してエゴイスティックな押しつけではない愛。

激しい愛というと、押しの一手でアグレッシブに愛していく、メラメラと燃えさかる赤い炎のような愛だと思いがちだが、静かに強く芯で燃える、青い炎のような愛もある。

重すぎず、深く激しく愛するということは、たとえどんなことがあっても、自分の都合で逃げ出すことなく、愛する男の人生に寄り添うことではないだろうか。

男が頑張っているかぎり、会社が倒産しようが、仕事を解雇されようが、病を患《わずら》おうが、どんな状況に陥《おちい》ろうとも、人生をともにする覚悟をもつことだと思うのだ。

彼女は絶対に俺を裏切らない。何があっても逃げ出さないという、絶対の信頼感や安心感とともに、魅力的な男であり続けなければならない必要性を感じてもらうことだ。さもなければこの関係は成立しないという緊張感が必要なのだ。

その緊張感なくして、男と女でいることは難しい。

安心と緊張、破壊と建設の間で、深く激しい愛は育まれていくのだ。

第4章

性の喜びを見つける秘訣

16 「女であること」を心から楽しむ

性の喜びを見つけるには、まず、女であることを心から楽しむポジティブな心が大切だ。

まだまだ男性社会である世の中だから、仕事の中では、女は損だなぁと感じる場面があるかもしれない。

でも、そんなマイナスばかりに目を向けて嘆《なげ》いていてもしかたない。

女で良かったということを、できるだけポジティブに感じようとする心と、女だからこそできることを見つけていく姿勢が大切だ。

なぜ、それらが大切なのか……。

同じ出来事に遭遇《そうぐう》しても、同じことを言われたとしても、気持ちのもち方次第で、その受け取り方は、まったく違ってくるからだ。

要するに、前向きに女を楽しむ素直な心がないと、自分のために言ってくれている大切な助言や愛の言葉でさえ、素直に聞けなくなってしまう。その言葉をネガティブなふうに解釈し、まるで攻撃されているかのように感じたり、ヘンな警戒心をもったりする。

そうなると、軽い被害妄想のようなものだ。

男も女も、人間としての可愛さが、セクシーやゴージャスやクールである前に、もっとも大切な基盤になるのではないだろうか。

人間の可愛さとは、結局、素直な心が醸《かも》し出すものなのだ。

素直でないと、自己を反省したりはできない。

自分を振り返って反省できない人間では、成長もしないし魅力にも欠ける。

私の周りの魅力的な大人の男たちは、とても素直に女性の意見を受け入れたり、ときには自分を見つめ直して反省する姿勢ももっている。

私は、そんな男性を、とても可愛いと思う。女も、男に可愛いと思われる素直な心が、大切なのだ。

間違えてほしくないのは、可愛いというのは、幼いことでもなければ、思わず守ってあげたくなるような、か弱い女を演じることでもない。

素直な心とひたむきさに、人はけなげな本質を見いだす。

がめつい本質をひた隠し、女として可愛く振る舞おうなんて、そんな浅はかな計算に、できる男はダマされたりしない。たとえダマされたとしても最初だけである。

人間の計算なんて、どんなに利口な人間でもたかがしれている。必ずどこかで計算ミスを犯す。

メッキはすぐに剝《は》がれ落ちるのだから、小手先で勝負せず、いつわりのない心で真剣に勝負するべきだ。

それに、そういうつくられたいつわりの可愛さは、まともな女たちにはすぐに見破られる。

そういう計算をひた隠しにする女は、警戒されるし、鼻につく存在として嫌悪感さえもたれかねない。同性からこのように嫌われる女が、真に男から愛されるとは、とうてい思えない。

これは逆も同じこと。やはり男から嫌われる男は、何かが欠落している。

心から女を楽しむためには、自信をもつことが大切だ。
自信は、努力の結果、その成果を実感することによって、少しずつ備わっていく。
女としても、仕事においても、その努力による成果でしか自信をえることはできない。

若い間は根拠のない自信をもつことがあるかもしれないが、そんなものはすぐに崩れ去る。若いというだけで自信につながるのだが、若さもあっという間に過ぎ去っていくのだ。それを踏まえて、今やるべきことを考えるべきだ。

自信をもつには、美しさも大切だ。外見と内面の美しさを同時に磨く意識は、女としての人生を豊かで楽しいものにしてくれる。

特に、性の喜びを前向きに求めるには、外見的な自信が大きく左右する。外見にある程度の自信がもてないと、恋人の前で裸になるのがイヤだということになりかねない。それでは積極的に愛しあうことはできない。

だから自分に与えられた肉体の魅力を最大限に引き出すため、磨きをかけなければならないのだ。

肉体は、美しさをあきらめず、正しく努力し続ければ、四〇代でも五〇代でも進化することが可能だ。

老いの速度も、その意識と努力によって驚くほどに違う。同い年でも、見た目に一〇歳くらいの差はすぐにできてしまうものだ。

暦《こよみ》の実年齢など、実はどうでもいいことで、大切なのは肉体と精神の年齢！

若いのに精神が老人のような人もいれば、老人なのに精神が青年のような人もいる。必ずその精神は、外見にも反映される。だから、肉体の力を軽視してはいけない。肉体は、精神に大きな影響力をもっているのだ。

たとえば、こんな経験はないだろうか。体を動かして汗をかくことで、とても気分が晴れたりする。ヘンな緊張や悩みが、一瞬にして緩和するのだ。

それくらい、**汗をかくというのは、体のデトックスだけでなく、心のデトックスにもなる**わけだ。精神衛生上、とてもいい効果をもたらしてくれる。

そして精神もまた肉体に大きな影響力をもっている。精神と肉体は常に影響しあっているのだ。

太ったりヤセたり、肌が衰えたり、太っていないのにお腹だけ出ていたり、それらはすべて生活環境に原因がある。生活環境をつくるのもまた、その人の考え方や精神によるところが大きい。

経験豊かな鍼灸院《しんきゅういん》の先生は、体の治療をしていると、その人のどこが悪いかによって、だいたいの性格や生活環境が見えてくるという。

こういう考え方の人は、この部分が疲れやすいとか悪くなるとか、体を触るとわかるというからスゴい。

だから、美しくなりたければ、まずその精神から変えなければならないことも多い。

「キレイでうらやましいなぁ」「お金があっていろいろできるからうらやましいなぁ」と、人をうらやんでばかりで何もしない人がいる。それでは一生美しくなれない。本当に女であることの人生を楽しみたいと思う心があれば、自分ができる最大限の力で美を磨く工夫と努力をする。

人をうらやむ人は、たとえ時間やお金があったとしても、何もしない人なのだ。

だから、意識と努力次第で、いくつになっても美しさを手に入れることは可能なのに、三〇代や四〇代であきらめてしまう女性が本当に多いと感じる。

女としての美しい大輪の花を咲かせる前に、枯れてしまうのはもったいない。

自分の肉体を最大限に生かしきれていない女性がいかに多いことか。

美しい大輪の花を咲かせたか、七分咲きであきらめたか、蕾《つぼみ》のままで終わったかで、人生の後半は大きく違ってくるだろう。

そして、女としての花を咲かせようという意識がないかぎり、本当の性の喜びを見つけることは難しい。

性の喜びを探求するには、信頼できるパートナーが不可欠である。

なぜなら、性の喜びは一人でえられるものではないからだ。

そして、本当の性の喜びを知るには、年齢と経験がともなわなくては無理。

だから、三〇代半ばで女をあきらめかけたり、すでにあきらめたりしていてはダメなのだ。そんな恋人や妻に、男が興味をもち欲望を感じるわけがない。

二人で性の喜びを見つけ、さらに深みにいくには、セックスを大切に真面目《まじめ》に考えなければならない。

女には少ないと思うが、セックスをただの性の処理と考えるのは絶対にダメ。そのような考え方の男性とつきあっていては、一生、性の喜びを知ることはないだろう。

それからセックスにスポーツのような感覚をもっている人も、決して深みにはいけない。

なぜならセックスは、健全な精神のもと、淫《みだ》らに猥褻《わいせつ》に行わなければ、決して深みにはいけないからだ。

セックスは、やはり男が主導で行われることが多いわけだから、どんな男とつきあうかは、かなり重要である。体力のありあまっている、力まかせで繊細さに欠ける男では、女に極上の快楽を与えることはできない。

若い女性に知ってほしいことは、急に素晴らしい性の喜びに出会えるわけではないということだ。

性の喜びも人生の喜びも、急に降って湧《わ》いてくるものではない。生きていく中で、恋愛する中で、目の前に現れる扉をひとつずつ、自分の意志で開いていかなければ、その喜びにめぐりあうことはない。

性と生……この二つの喜びを深く大きなものにしていくには、次々に出現する扉を開く勇気と好奇心をもつことだ。その喜びが深ければ深いほど、大きければ大きいほど、目の前の扉は重く大きく開けづらい。心身ともによほどのエネルギーがないかぎり、チャレンジしようという気持ちにはならないだろう。

私が性の喜びを語れるのは、迷いながら悩みながらも、その扉から目をそらさず、最終的には臆《おく》することなく開いてきたからなのだ。

性の喜びが見つけられる人と見つけられない人、深みにいける人といけない人との違いは、それだけのことである。

私は、その扉の向こうに素晴らしい官能の世界があるとしたら、開けずにはいられない。失敗することを恐れ、身を守ることばかりに捉われていては、つまらない人生である。女としての人生は、まだまだこれからだ。

愛する恋人との二〇代のセックスを大切にして、三〇代からがいよいよ女の本番である。女のスタートラインとでもいうべきか。

三〇代半ばで心身ともに成熟しはじめる。いろいろなことを受け入れられる心のゆとりがもてるようになるのも、この頃からである。

そして四〇代で、自分の心のいろいろな制約を解放し、とことん淫らな自分や相手や行為に、ネガティブな感情を抱かなくなるのだ。そうなると、どんどん深みにはまっていける。

その喜びと快感が、恋人や夫婦間でどれほど大切なことか、どれほど絆《きずな》を強くしてくれるか、それを知っていればますますセックスに前向きになれるのだ。

そしてセックスの話題に、興味本位な捉え方をしなくなったり、恥ずかしいものとしてとらえなくなる。

性の話というだけで、耳をふさぐ人や嫌悪感をもつ人がいたら、その人は真のセックスの素晴らしさを知らない気の毒な人と思って間違いない。それは同時に、つまらない人生を歩んでいるということでもある。

性は、生きることに一生まとわりついてくる。

だから性と生は切り離せない同一のものとして考えなければならない。

性欲がないなんて開きなおることは、生きるエネルギーが低いと言っているようなもの。もし、本当にないなら、男女ともに要注意である。心か体のいずれかを病んでいる証だ。

性の喜びは、選ぶ相手を間違えず、女であることの努力を重ねていると、必ず見つけることができることを知ってほしいと思う。

三〇代で、もう女であることをあきらめたような発言をする女性がいるが、そういう女性は、間違いなくセックスの本当の喜びを知らない。そして、気の毒に知らないまま老いていくのである。

そうならないように、心から女を楽しむことだ。

そして、性の喜びを知れば、ますます女であることが楽しくなる。

17

心と体を解放させる

前項で、心と体が深く影響しあっていることは述べたが、どうしたら、その心と体を解放させることができるのか、なぜそれが必要なのかについて、この項では考えていきたいと思う。

私は結婚と離婚の経験から、この心と体の解放について、多くのことを学んだような気がする。

私は意外にも、二四歳という若さで結婚し、三四歳までの一一年間、結婚生活を送っていた。

二〇歳で同棲をはじめたから、一五年間一緒にいたことになる。

結婚するときは、この人以外に私が愛する男も、私を愛してくれる男もいない、どんなことがあっても一生一緒にいよう、そうかたく決意しての結婚だった。

私は、もともと結婚になんの憧《あこが》れももっておらず、結婚のいいなぁと思う点を強《し》いてあげるとすれば、「人妻」というちょっとエロティックな響きくらいだった。

私の両親は、私が中学生の受験の時期に別居し、その数年後に正式に離婚している。

そんな思春期の境遇と経験があってか、親に対しても男性に対しても、お陰でまったく依頼心をもつことなく、早めに自立して大人になれた。

けれど本来完璧《かんぺき》主義である私の心に芽生えたのは、異常なまでの離婚に対する嫌悪感。

両親の離婚に反対していたわけではなかったのだけど、離婚にいたるまでの過酷な思い出があるせいか、「私は絶対に失敗はしない」と心に誓っていた。離婚する人は、どこか人間として欠落しているはずだ、そう思うほど離婚の二文字に強い拒否反応を示した。

その思いは同時に、絶対にいい妻になりたいと私に思わせた。

今考えると、あの頃思っていた〝いい妻〟像なんて、封建的な時代から受け継がれた、結婚という保守的なシステムにのっとった、ただのすりこみにすぎないもの。相手の意向に従うことがいい妻だと、形ばかりにこだわる偽善《ぎぜん》的な女らしさだったように思う。

妻としてこうあるべき、結婚とはこういうもの……そんなふうに、自分に無意味な制限をしていた。それが美しいことと信じて疑わなかったし、美意識を貫く自分の考えや行動を、正しいことだとかたくなに思いこんでいた。

けれど肝心な自分の心の声には、耳を傾けなかったのだ。

結婚と同時に二四歳で所属していたプロダクションを独立し、現在の私の会社「オフィス彩」を立ち上げ、夫と一緒に経営をはじめた。

自分が表に立つ仕事だから、どうしてもすべてが私中心に進めなければならないことも自然と多くなるし、ましてやギタリストだった夫を、裏方とはいえ芸能界の仕事に引っ張り、彼の人生を大きく変えたわけだから、感謝もあったけど、どこかで責任のようなものも常に感じていた。

それに加えて、前にも触れた私の母との同居である。

そんなこともあり、仕事から一歩離れたプライベートでは、すべて彼を中心に考えることが当然と、私は調和を重んじた。

それが、私にとって自然なことで、それを幸せと、ずっと感じ続けることができたならよかったのだが、いつしか私の気持ちは変化しはじめていた。

私はその変化を認めようとせず、ひたすら義務や責任を重んじて、そして、二人でつくり上げたと信じていた生活の基盤や絆に執着した。

だから、二人の心にすれ違いが生じていたことも、すでに壊れていたときでさえ、それを認めたくないがために、その現実と自分の心から目をそらしていたのだ。修復しなければならないことはわかっていたから、いろいろ努力もしてみたが、今思えば、その努力さえもが私の義務と責任に基づいた、ただの間違った美意識だったように思う。

心から修復を望んでいたのかもわからない。心は、きっと修復しようのないほど壊れていたことを知っていたはずなのだ。

なのに、私はその現実から目をそらし、心と頭と体がばらばらになったような感じで、何かにがんじがらめに縛られ、とても息苦しい生き方を、約五年もの間、し続けてしまった。

その期間の後半は、もちろん夫とのセックスレス。

前半にはまだまだあったセックスでさえ、心から満たされるものではなくなっていた。

出会った頃の、愛しあった情熱が、気がつくとウソのように消えていた。

まだまだ若かった私だから、肉体的な快楽を深く知っていたわけではないが、それでも心は満たされていたし、心の充足感が、肉体の快楽の不足をも補《おぎな》ってくれていた。

要するに、昔は精神的に興奮することができたのだが、相手を欲する心がなくなり、ひたすら心が受け身になると、興奮しなくなるようだ。

いつしかセックスは、妻としての役目のようなものになり、ただ二人でマスターベーションしているだけのような薄っぺらい快楽で、セックスと呼べるものではなくなっていた。五年の間の後半には、何度も別居や離婚という言葉が浮かんだが、それでもかたくなに離婚を避けた。

離婚すると、自分の人生の選択ミスを認めたようで、私にとって、それは人間としての欠落を意味していたからだ。「ほら、見ろ」と言わんばかりに面白おかしく記事にされることもイヤだったし、くだらない体裁《ていさい》にこだわっていたのである。

けれど、そこまでかたくなに間違った美意識にこだわっていた私が、あることをきっかけに、まるでつき物が落ちたように考えを改めたのだ。

私が目をそらしていた現実を、突きつけられたからである。

その事実は、否定しようのないほど、夫の愛を疑うものだったたし、今まで積み上げてきたと思い、執着していたものが、幻だったことを思い知らされた。そして、絆がすでに消滅していたことも、現実としてようやく受け入れることができるようになったのだ。

それに気づくと、霞《かすみ》のかかった自分の視界から、余計な浮遊物がどんどん消えはじめ、少しずつ物事をクリアな視線で見ることができるようになった。

上辺《うわべ》に捉われない、本質を見極める心眼をもつこと、この大切さを痛感した。盲目的に何かに執着することの、怖さや愚かさにも気づかされた。

真の愛とは……真の幸せとは……これらを知り、そしてえるには、この心の目をクリアに保ち、そして磨くことしかないのだと感じた。

人の評価や体裁《ていさい》、そんなことはどうでもよく、幸せとはまったく無関係なものである。自分の幸せは、自分の物差しでしか測ることができない。幸せとは、決して他人や世間の評価ではないという、そんな当たり前のことに気づかされたのだ。

私がこのことに気づけたのは、やはり結婚と離婚という経験があったからこそ。

これに気づくことで、徐々に力《りき》みは和らぎ、自らにがんじがらめにかけていた、呪縛《じゅばく》のようなものから解放されていった。

離婚当時、セックスレス離婚という言葉で世間は驚き、まるでそれが特殊なことのようにマスコミは騒いだが、愛が希薄になると同時に、セックスがなくなっていったことはごく自然なこと。逆に、セックスがなくなってしまうことで、愛が希薄になることもある。どちらが先でも同じことだ。

男と女の愛において、それほどセックスは重要なのである。

もし、セックスなしに真の愛を育み、心身ともに解放され、満たされた人生を送れる人がいたならば、それこそが特殊なのだ。

私の離婚について誤解のないように言っておくと、その原因は、浮気とかそんな単純なレベルのものではない。

浮気を乗り越えて、そんなことでは揺るがない、もっと深い絆でつながっている夫婦やカップルもいる。

さらに、誤解のないようにつけ加えておくと、夫の愛を疑うようなことになってしまった、そんな要因の一端は、もちろん私にもあったのだ。

とにかく、私はあるきっかけにより、仮装のような生活から抜け出し、自分の行くべき道とあるべき姿を探しはじめたのだった。本当の自分を取り戻すことでしか、心を自由にする道はない。

私が女であることの喜びを重んじて、飽《あ》くなき追求ができるのは、心と体の解放があるからである。

そして、私はまだまだこれからも自由になるつもりだ。何度も言うけど、私も最初から自由だったわけではない。自らかけた呪縛に苦しみ、それを解き放つ勇気のもてなかった時代があったのだ。けれど、その期間が自分の助走となったことはたしか。振り子の原理のように、大きく苦しんだぶん、大きく自由に向かえるのである。

さらには、呪縛の苦しみを知っているからこそ、余計に自由であることの素晴らしさを感じることもできる。対比する感情を知っているほうが、喜びも幸せも、より深く大きく感じることができるのだ。

ひとつつけ加えると、離婚したから自由になれるわけでもない。別れ方や離婚の仕方が重要だ。

私は自力でいろいろなことを克服したから、清々《すがすが》しく別れることができた。そして自分を反省もしたし、見つめ直し、離婚から学んだ。

離婚しても心を自由にできないでいる人は、自分の気持ちに問題があるからだ。たとえば、別れた相手を恨《うら》んだり、悪口を言ったり、すべてを相手のせいにする人だ。**自己反省がないと、次の恋愛や結婚もうまくいくはずはない**。

そして、男の浮気を責める第三者もまた、心をもっと自由にしなければならない。「あんなにキレイな奥さんなのに、なんで男は浮気するの！」という声を耳にする。

まず、**女の魅力は、外見のキレイさだけではないということだ**。

心から滲《にじ》み出る美しさがなければ、どんなにキレイな外見をもっていようと、魅力ある女として完成されることはない。

浮気をした本人にも、浮気をされた本人にも、同等の問題があったということを、もっとフラットに見られる心の自由さがなくてはならない。ニュートラルな心が必要なのだ。

表面的な問題にしか目を向けることができないようでは、まだまだ何かに縛られている証である。表面的な問題の根元には、必ず別の問題がひそんでいる。そこに目を向け、読み取ることのできる大人にならなくてはいけないのだ。

そんな意識があるか否かで、恋愛とセックスへの姿勢は変わってくる。

真の性の喜びは、そんな自由な心と成熟した心からしか生まれない。

なぜなら、自由には常に自己責任が必要であるし、だからこそ、本当の意味での自立を果たした人間にしか見つけることはできないのだ。

年齢の問題でもない。三〇代、四〇代になっても、自立を果たせない人間もたくさんいる。

自由であることに責任をもち、そして勇気をもって、愛と性を深く激しく探求してほしいと思う。

18

上級で上質なエロス

私が受ける質問の中に多いのは、「どうしたら品のよいエロスになるんですか？」というものです。

最初はとても答えに困る質問でした。なぜなら、品のよいエロスを醸《かも》し出さなくては、と意識したことなんてないからです。上品さを意識しすぎる人間は、ただ上品ぶっていることが多く、気位ばかりが高くて、実のともなわないことが多いから。

品性というものは、形で捉えるのではなく、その人から滲《にじ》み出る価値観や考え方であり、それが時々、形に反映されるだけ。

けれど、あまりにもこの質問を受けることが多いので、なぜみんながそれを知りたく思うのか、改めて考えてみたことがある。

それは、エロスというものが、ギリギリの綱渡りのところで、下品に転ぶ可能性をもっているからだと思う。

ちょうど前衛芸術のように、芸術を真に理解した人間が、いい意味での尖《とが》ったクレイジーさをもってそれにのぞむか、芸術を理解していない人間が、ただクレイジーな表現を形で真似《まね》ているか、一見同じようなものに見えていても、やはり伝わるものはまったく違う。それと同じようなニュアンスではないだろうか。

これは、一見とても難しいことのように思われるが、物事の本質を知っている人間にとっては、とても容易《たやす》く見分けられるし、自分に品のよいエロスを身につけることも、そう難しいこととは思わない。

もちろん形にこだわることも大切だけど、形から入ろうとするから難しいのだ。

そういう質問をする人は、理屈ではなく、品の良し悪しをすでに感覚で判断している。本能で本質を嗅《か》ぎ分ける力をもっているのだから、あとは理屈がついてくればいいわけだ。

けれど、そんな危険性をはらんだエロスを求めたくなる男と女の心理は、本当に不思議である。

エロスがどれほど男と女の心を魅了し、吸引する力をもっているか。すべての男と女の心は、否応《いやおう》なく確実にその磁石に引き寄せられている。

だから、「私は興味ありません」なんて、わざとらしい顔をしてもムダ。かえって、不健全な言えない秘密があるのではないかと疑いたくなる。

エロスに触れると、心の奥底にひそんでいた、知らない自分を発見したり、あるいは封印していた自分自身が静かに発動しだしたりする。

性は、心にひそむ、普段は人に見せない陰の部分であるからこそ、人は余計に見たくなるし、知りたくなるのだ。

今の時代、いろんな趣味が多種にわたって広がっており、趣味嗜好《しこう》も様々ではあるけれど、性への興味だけは、万人に共通した普遍的なテーマである。

もちろん、その探求心の強弱はあるだろうが、エロスは、それほど強烈な存在感で、私たち男と女を魅了し、ときには翻弄《ほんろう》させるのだ。

エロスは、男と女に平等に与えられ、同じように求めて楽しんでいい、人生になくては

ならない極上のスパイスである。

それを求めることに、何も後ろめたさや恥ずかしさを感じる必要はない。そこをきちんと肯定できる知性と勇気がないかぎり、性の喜びを見つけることはできない。

映画館や書店で、恥ずかしがって、観たり買ったりできないようでは、エロスの探求者にはなれない。ひいては官能的な人生を送ることができないのだ。官能する心と体は、究極の女性美である。

だから、エロスを無条件に恥ずかしがってはいけない。もし、恥ずかしいという気持ちを感じるなら、エロスの質に焦点をあわせるべきだ。質の悪いものに興味を引かれる自分を恥ずかしいと感じるのは、間違った感覚ではない。質を問うべきなのだ。

上質であること、上質を求めることが、品のよいエロスを醸し出す秘訣といえるだろう。では、上質とはなんなのか……どのように質を上げていくのか……これについて述べてみたい。

料理人でもレストランでも同じだが、質のよい美味しい料理を提供するところは、まず料理に対して、すなわち仕事に対しての志が高い。

だから、とてもディテールにこだわっている。

これはファッションの世界にも言えること。デザイナーやメーカーの意識が、その質を決めている。

その意識とは、ひたすら営利だけを追求するのではなく、いいものを提供するのだというプロとしての誇りにかかわっている。

そして両者に、その上級な技術が求められる。

上質な思考と、上級な技術が、上質なものをつくり上げるのだ。

映画などの作品も同じである。成人映画の中にも、そのクオリティーは幅広く格差がある。何がその格差を作るのか。

それは、何を目的として作るのか、作品の真のテーマは何か、監督の志と注ぐエネルギーの高さと量、出演者の志と注ぐエネルギーの高さと量、ディテールへのこだわり、それらによって作品の質が決まるわけだ。

エロスを描く映画は特にそうである。別のテーマなら、クオリティーの低さも「大した映画じゃなかったね」で終わるのだが、やはりエロスを描くときは慎重でなくてはならない。低俗で粗悪《そあく》な作品は、嫌悪感さえ感じることになりかねない。

だから、エロスを表現するのは、とてもリスクが高いのだ。

それに加えて、エロスに鈍感で洗練されていない現在の日本の土壌である。エロスの作品に挑戦する演者が少ないのも、しかたないことなのかもしれない。そのような土壌で生きてきた演者自体が、エロスについて未熟でもあるからだ。

芸能界は、お金や知名度という、営利的な手段のみで、エロスの作品にチャレンジする場合がある。後々都合よく知名度が上がってうまくいったときに、結局その作品を経歴から消そうという動きが見て取れることもある。思ったようりうまくいかなかった場合にも、そのような意図が、同じように見て取れることもある。まったくカッコ悪い話だ。

要するに、そんな中途半端な覚悟と志でのぞむから、自分の選んだ道に誇りがもてなくなるのだ。

エロスの本質を理解する知性のない人間が、エロスを用いることは危険だから、絶対にやめておいたほうがいい。

このことは、最初の話につながる。上品ぶった人間は、その知性や品性のなさが露呈することを恐れて、その本質を無意識に、あるいは意図的に隠そうと上品ぶるのである。

その仮装を見破れない人もたしかに多いのだが、あらゆる世界の上級者や、感性の豊かな人間が真剣に見れば、一目瞭然《いちもくりょうぜん》なのだ。

本質は、言葉や行動や選ぶ道や選ぶものの端々《はしばし》に、隠しきれずに漏れている。そのわずかに漏れている要素を見逃すことなく正しくジャッジできれば、そんなに近距離にいない人間であったとしても、だいたいの判断はできるものだ。その人の周りを囲む、形あるものやないもの、人間にいたるまで、すべてのものに感性が反映されている。

男を判断する場合もそうである。男選びを間違えると、性の喜びは見つけられない。

まだ発展の途上にある男なら、磨けばもちろんともに発展していけるが、知性と品性をもちあわせていない男には、その可能性を見いだせない。

それを見分けるには、先ほども述べた、あらゆる言動や選択した道からうかがい知ることができると思う。

たとえば、女性を侮辱《ぶべつ》するような、不快な下ネタを連発する男性は絶対にＮＧである。けれど、女性に対して、愛と尊敬が基本にある上での話なら、不快な思いはしないものだ。

真面目に性の話のできる男性も、やはり女性を大切にしてくれるだろう。性の喜びを、一緒に見つけてくれる可能性のある男性である。

そして、何かを探求する知性と情熱のない男は、女を探求することもできないだろう。

なぜなら、女の探求は楽しくもあるが、もっとも難しく、エネルギーを要するからである。

さらには、想像力のない男もダメだ。見たまんましか受け取る能力がないということは、感性が貧しいし、知性もないということ。想像力の源である感性が貧しく、知性がないのでは、想像力を駆使したインテリジェントなセックスは無理なのだ。

磨けば豊かな感性を発揮できる男性なのか、その辺の可能性を見極める感性と能力が、女性にも問われる。

そして、安易で情緒のない性風俗店、アダルトビデオやインターネットのアダルトサイトで、お手軽に欲望を満たそうとしている男は、上質で上級なレベルに達することはない。それらのお手軽なものは、想像力という、人間に与えられた最高の能力を退化させ、情緒を感じる心まで、マヒさせてしまうからだ。

エロスとは、敏感な感受性に宿るものである。

さて、ひとつつけ加えさせていただくとしたら、こうして、エロスを正面から真面目に捉え、探求する私だから、すべての表現において、決して品性のない不快なものに転ぶことがないのだ。

けれど、エロスがエロスであるために、大切なことがある。堂々とエロスを求めなさいというものの、エロスとは、健全な精神のもと、退廃的で秘めたる淫靡《いんび》なムードを失ってはいけない。そして、恥じらいも失ってはいけないのだ。

最初から開けっぴろげの心と体では、男の開ける楽しみがなくなってしまう。心と体の扉は、あくまでも半開きにとどめておくこと。

扉に頑丈《がんじょう》な鍵をかけるのもよくない。誰も開けられないし、つまらない女となる。

ほんの少し、光が漏《も》れる程度に開けておくことだ。光の先が知りたくなるよう、その微妙なさじ加減が、エロスには必要なのだ。

あらゆる場面において、この恥じらいの調合が、もっとも大切である。

恥ずかしいと感じて大胆になれない、もし、そんな悩みをもっているとしたら、恥ずかしいという気持ちを感じない人より、ずっとエロスな要素をもっていると、自信をもっていい。恥じらいを客観的に意識的に調合していくことで、エロスはどんどんランクアップされていく。

心以外の、ファッションや発言や行動にも、うまく恥じらいが調合されたとき、上級で上質なエロスは完成される。

SとMを知って楽しむ

19

性の喜びを見つけ、さらにそれを深く知るには、SとMの本質を知ることが必須《ひっす》である。

説明するまでもないが、Sとはサディストのことで、相手の心、または肉体を痛めつけることで、快楽を得る性的嗜好《しこう》だ。Mとはマゾヒストのことで、異性から虐待されることにより、快楽を得る性的嗜好だ。

どんな人間にも、必ずどちらかの傾向がある。

仕事や人間関係全般まで含むと、どちらの要素もあると感じる場合があるかもしれないが、性的嗜好に関しては、たいていはどちらかに偏《かたよ》っているはずだ。

また、どちらでもないとか、どちらなのかわからないという人は、単に未開発であるにすぎない。

快楽の深みにいくには、まず、自分がどちらなのか知ることが必要だ。

この嗜好の傾向は、二人で重ねる性的経験の中からしか、発見することができない。女は、男によって引き出されるし、男もまた、女によって引き出され、さらに奥まで開発されることがある。

他にも、人生の価値観を変えるような出来事を経験したり遭遇したり、何かしらの刺激を受けることで、心に変化があらわれ、それが自らの性を開発するきっかけになることもある。つきあっている相手と、ただセックスを重ねていれば、そのうち引き出されるというものではない。そして、そんなに短い時間で簡単に開発される問題でもない。

やはり、性に対する探求心と同時に、相手に対する探究心が必要だ。

特にセックスにおいてはリーダーである男性に、その探求と探究のエネルギーがないと難しい。

特に日本は、あらゆる性的嗜好のニーズに応じた様々な風俗産業が盛んであるせいか、自分の性的嗜好をパートナーに理解してもらおうと努力しない男性が多いようだ。

「そんなことを言ったら恋人や妻に嫌われるんじゃないか」「おかしな人、と変態扱いされるんじゃないか」そんなふうにあれこれ考えて臆病《おくびょう》になり、なかなかその欲望を打ち明けられずにいるらしい。

本来は、心も体も密接なパートナーであるからこそ、ぶつけることができるはずなのに、それではなんのために一緒にいるのか、私には理解できない。

そういう種類の男性は、簡単に快楽を手に入れることができても、本当に深い快楽にはたどり着けない。

深い快楽は、愛による密接な関係から生まれるからだ。

特に、SとMの嗜好が導いてくれる快楽は、愛というベースが必要なのだ。

SMクラブというところは、コアなSM愛好家の、本当に痛いのが快楽だという、かなり特殊な部分があるようで、私にも理解しかねるところがある。

けれど、たいていのプロの女王様は、M男の心理を操《あやつ》るのが上手なわけで、心理を操るためのムチやロウソクや緊縛なのではないかと考える。

もちろん、恋人同士でも用いることはあるのだろうけど、愛という相手への思いがベースにあると、本来それほど大がかりな小道具がなくても、お互いの心理を操りあい、気持ちを高めることは可能である。

ＳＭクラブはあくまでもビジネスだから、愛というベースがない故に、気持ちを高めるうえで、何かと小道具が必要になるのだろう。

だから、あくまでもＳＭクラブでのプレーは、心の通いあわないマスターベーションにすぎない。

女王様にとっては、どこまでいっても一方的なサービス業なわけだ。

このＳＭというある種のファンタジーに、お互いが陶酔《とうすい》し、お互いが興奮しなければ、本当の快楽はえられない。そこには、やはり愛がなくてはならないのだ。

なぜ、パートナーを探究しない男が多いのか。新しい浮気相手を追いかけるほうが、新鮮でラクで簡単に興奮するからだろう。これは男の本能なのだ。原始の時代から受け継がれた狩人のＤＮＡが、今も騒ぎ出すのだろう。

このような攻撃的な本能がまったく消えてしまった男も、またつまらないものではある。とはいうものの、やはり、自分には大した快楽を与えてくれないくせに、外で浮気されるのは、実に不愉快な話である。

浮気がバレたなら別れを言い渡されるかもしれないという、リスクを知りつついくのであるから、やはり本能にはあらがえないものがあるのだ。

では、どうしたらよいのか……。それには、お互いの性的嗜好があっているという前提で、お互いにどこまで深みにいけるかが重要になる。

心身ともにお互いがバリアをもたない関係であり、その性的嗜好が絶妙にマッチしたカップルは、まず別れることはないだろう。というか、別れられないのだ。

心身ともにそこまで深みにいけること、同じ嗜好の快楽を共有できることがとても貴重であるだけに、お互いが絶対に失いたくない存在に昇華する。

性格の不一致で離婚するカップルは、結局、性の不一致なのだ。

もともとの相性はもちろん大切だと思うけど、何しろ、バリアをつくったまま、それを壊そうともしないで、快楽の階段を途中で下ってくる男女が多すぎる。

階段を上り詰めるより、途中で寄り道して、新鮮な出会いに心ときめかせるほうが、お互いにラクだからだ。けれど、手軽でラクなものは、しょせんその程度の快楽である。

なんでも物事は、突きつめた先にしか、大きな喜びは待っていない。セックスの快楽も同じ。

どうしたら、浮気のような薄っぺらな快楽に、男が目を向けることを阻止できるのか？

それは、狩人の本能とは違う、もう一つの男の性質に目を向けることだ。

それが探究心なのだ。

男は、女より、はるかに探究心が旺盛である。

料理人にしても、ソムリエにしても、医学や科学の研究者も、あらゆるエンジニアも、そして農業も、物事を突きつめる研究者タイプは、確実に男性が多いのだ。

時計や車は特にそうだけど、洋服や靴でさえ、強いこだわりをもって探究しはじめ、そのウンチクを語るのは男性だ。

探究するのは、男性の性質である。

だから、その性質が、自分に向けて発揮されるよう、大いに探究心をかき立てるべきなのだ。

それには、探究したいと思わせる、女のミステリアスな魅力と、感受性の豊かな反応のいい心と体がなくてはならない。

そして、心をいつも柔軟に保つこと。心が鉄板のようにかたくては、男が心の奥に侵入するどころか、撥《は》ね返されてしまいそうである。

以前、あるトーク番組で女性スポーツ選手が恋愛の話をしていた。

つきあっている彼に対して、彼が何か愛の言葉を言ったとしても、「どうせ私のことをダマすつもりなんでしょう」と言うらしい。

そんな警戒しながら恋愛して、何が楽しいのだろう、この人は絶対に性の喜びを知らないいまま、これからも生きていくんだろうなぁ、と気の毒に思ったことがあった。

そんな悲しいことを、楽しそうに話している彼女が、私には不思議に思えた。

かたくなに心を閉ざし、相手の侵入を恐れてはいけない。

どこまでも深く受け入れることが必要だ。もちろん、それには信頼関係が何よりも大切。だから時間を要する。

男は、女が徐々に心を開いていることを、感覚的に感じているはずだ。どのくらい侵入を許されるかも、なんとなく感じることができると思う。だから、そのバリアを感じとり、本当の欲望を伝えることができずにいることもあるのだ。

心の中への侵入を許すということは、自分の性癖を露《あら》わにすることだから、最初はとても抵抗があるし、勇気のいることかもしれない。

けれど、愛しているなら、とことんその侵入を許し、さらに信頼関係を築くことで、自分では想像もしなかった自分に出会い、新たな快楽を見つけることができるものなのだ。

彼にしか見せられない、秘密の自分がいることで、そのインモラルな世界を共有する。ある種の共犯的な感覚になることで、二人の絆はますます深まるのだ。

一歩一歩、ゆっくりと深めていく必要がある。彼が急速に進もうとしたら、無理やりあわせる必要はないが、その要望に対して、前向きな姿勢でいることが必要だ。そして、お互いの気持ちを確認しながら、ゆっくりと進むこと。

愛のない、自分の欲望だけを一方的に押しつけた無理な要求なのか、女性が感じることに喜びを見いだしているうえで、二人で歩を進めているものなのか、それをしっかりと感じとらなくてはならない。

相手が代わって成立するものではないことを忘れてはいけない。二人で開発した、二人の快楽でなくてはならないのだ。

時が経つと、また変化したり、さらにディープなところへ向かおうとするかもしれない。女性がMの場合、男への絶大な信頼感と好奇心と、ちょっとした勇気があれば、どこまでも男を受け入れられるだろう。

その場合、Sである男は演出家となり、女を快楽に導くストーリーや準備をたくみにしなくてはならない。自分の欲望を聞き入れてくれる女性を大切に思い、崇拝《すうはい》するくらいの心が必要である。

Sとは、サービスやサーバントのSといわれるくらい、実は大変で、自分本位では成立しないものなのだ。相手の心理を読み取り、操る能力を問われるところもある。インテリジェンスが必要だ。

逆にMは、自分のためにお膳立《ぜんだ》てされたシチュエーションに、どっぷりと陶酔し、反応していけばいい。

どちらかというと、尽くされている女王様のようなところもある。

突きつめれば、どちらがSでどちらがMなのか、わからなくなるほどだ。

だからMは、肉体的に無理なことでないかぎり、とことん受け入れる姿勢でいることが愛なのだ。それが自分の喜びにもなるのだから。

逆もまた同じ。もし女性がSなら、愛とサービスをこめて、とことん彼を虐《いじ》めてあげればいい。

自分の性癖を理解し、たくみに操ってくれる恋人を、最高のパートナーと思うはずだ。

私はこう思う。人に迷惑をかけないかぎり、とことん淫《みだ》らで、どこまでも猥褻《わいせつ》でいいと……。二人がともに、健全な変態になれること、それも愛なのだから。

20 いい男を満足させる極意

愛する男を性的に満足させたいという思いは、とても大切だ。

もちろん男も、女を満足させようと、そして自らも満足をえようと頑張るわけだ。

だからといって、すべて男まかせの受け身な気持ちでは、男を満足させることはできない。セックスとは、心と体の、さらには魂の交流なのだ。

肉体だけの快楽と、心をともなう快楽では、当然満足度が違う。

体だけを求めあうのではなく、お互いの心を求めあい、そして与えあうという、そんな気持ちがなくてはならない。

心の交流でもあるセックスは、愛の確認をも担っている。

結局のところ、心身ともにセックスに対する満足度が低いから、どんどんセックスから遠ざかり、やがてはセックスレスになってしまうのだ。要するに、セックスに対するエネルギー不足。ひいては、生きることそのもののエネルギー不足。

そして、セックスそのものを軽んじていることにも原因がある。それが、お互いの満足度を下げているといえる。

マンネリになって飽きるから、セックスレスになるのだという考え方もあるけど、そういう人は、マンネリを打破しようと、本当に頑張ってみたのだろうか。

セックスからえることのできる、あらゆるものを知らずにいるのだと思う。

セックスは男と女のエネルギーの交換のようなところもあり、また充電のような役割をしてくれることもある。だから、**女はいい男からいいエネルギーをもらわなければならないし、男はいい女からいいエネルギーをもらわなければならない。**

選んだ相手を間違えると、どんどん人生がマイナスに転んでいくのは、悪いエネルギーを充電されているからと考えたほうがいい。

特にいい男は、いい女をえたいという気持ちがすべての原動力になっている。成功する男たちは、その辺の嗅覚《きゅうかく》が鋭い。

だから、**いい男に求められる女であるには、自分がいいエネルギーを発散していればいいという、きわめてシンプルな話なのだ。**

セックスも時が経てば、必ず刺激は薄れていくものだし、人間は刺激に慣れてしまう。だから、知性と想像力を駆使して、意図的に刺激を与えなくてはならない。

自分がそうしたいと思うか思わないかも、すべてはエネルギーが源だ。

男も女も心身ともに元気で、エネルギーにあふれていないと、心も体も欲望は湧いてこない。だから自分の心と体をいかに元気に保つかということが、もっとも基本なのだ。

自分の心が健全で、そして元気でないと、仕事や人間関係に疲れた男を癒すことはできない。男の心が疲れ果てていては、興奮も満足もあったものではない。

癒すとは、頭から余計な悩みを一瞬でも忘れることができるように、気分を変えてあげることだ。

愛する女を抱きしめることで、男の心が落ち着く。それには、女がすべてを包みこむような優しさと強さをもたなければならないと思う。

そして理解し、共感してあげることで、男の心は和らぐのだ。

気分を変えて、一瞬でも現実を忘れ、エロティックなファンタジーの世界に誘《いざな》ってあげること。

無心になって快楽に陶酔できたら、それほど心癒されることはない。

セックスは、最高の癒しでもある。

エロティックなファンタジーの世界をつくるには、まず、女が美しく装うことが大切だ。

どうせ裸になるんだからなんて、合理主義ではいけない。

男が洋服を脱がせるまでの、ときには自らが脱ぐ、そのプロセスが大切である。

だから、身に着けるランジェリーや洋服や靴、それぞれのディテールに演出がなくてはならない。

その演出で、いかに男の五感に刺激を与えられるか、ということが重要なのだ。

まずは、視覚。ライティングは明るすぎない間接照明がよい。

肌を美しく見せてくれるし、何よりも、心がリラックスできる。

男の視覚に刺激を与えるには、いろいろな手段があるはずだ。

男には見る快楽があり、女には見られる快楽がある。

そういう性質を、充分に生かすべきである。

先日、ある男性が、私が履いていたピンヒールのパンプスを見て、こんなピンヒールを彼女に履いてほしいのだと、切実に訴えていた。見る快楽を求めている発言である。

それを彼女に言ったことがあるらしいが、ピンヒールは大変だからという理由で、履いてくれないという。どれくらい履いてくれとお願いしたのかわからないが、そういう男のフェティッシュな願望を叶《かな》えてあげることが大切なのだ。

普段から無理に苦手なピンヒールを履くことはないが、せめて夜のデートのディナーシーンだけでも、男の願望に応《こた》えてあげたほうがよい。

それでも無理なら、せめてセックスのイントロダクションとして、ランジェリーのセクシーな装いとともにピンヒールを履くとか、演出の小道具として用いることをススメたい。

男のさり気ない一言から、その願望を読み取り、それを理解して積極的に演出すると、男は嬉しいものなのだ。

彼女の性に対する前向きな姿勢から、セックスに対する欲望や愛を感じるからだ。女もそうであるように、男も、自分が求められているということに喜びを感じ、そして興奮する。

たとえば、キスや愛撫《あいぶ》を施《ほどこ》し、彼女の局部が潤《うるお》うことに、男が喜びと興奮を感じるのは、そのほうが挿入の際、肉体的に気持ちよいということだけではない、自分を欲してくれているという心を、彼女の体を通して、感じとることができるからである。ピンヒールやランジェリーは、そういう自分の思いをこめることのできる大切な演出のツールなのだ。

男の見る快楽を満たしてあげるには、男の目の前で、どこまで淫《みだ》らな自分を見せられるかということにもかかわる。

自分の心身の高揚がついていかないと、最初は恥ずかしいと感じるかもしれないが、恥じらいながらも受け入れていくことだ。やがて我を忘れるような、エクスタシーを感じることができるようになる。

一糸《いっし》纏《まと》わぬ姿もよし、あえて薄いスリップやベビードールを身に着けたままもよし。

男はそんなあなたを鏡に映し、違う視点からじっくりと楽しみたいと思ったり、あなたがマスターベーションする姿を楽しみたいと思ったり、男にはそれぞれに様々な願望があるものだ。

そこを敏感に汲《く》み取り、彼が言いやすく求めやすいシチュエーションをつくったりして、応えてあげることができるかが肝心だ。

ただキレイなだけの女では、男はすぐに飽きるもの。
敏感に反応し、官能する女に、男は触発され、探究心を覚えるのだ。

自分の心と体の隅々まで、余すことなく男に堪能《たんのう》させる、そういう精神が大切だし、女もそれを喜びにできるような、ある種、奉仕《ほうし》の精神が必要である。

見る快楽……見られる快楽……それらは実に、知性にあふれた素晴らしい快楽なのだ。

続いては、嗅覚である。

私は男性の匂いに欲情する。その人だけがもつ体臭に、エチケットとしてのコロンやオードトワレの香りが混ざり、嗅覚が刺激されると、とてもセクシーな気分になれる。

この匂いが自分の好みにあわないと、恋愛にいたるのは難しい。

嗅覚は、刺激を感じるだけでなく、同時に癒しを感じているから、とても重要だ。

だから、女性も選ぶオードトワレやパフュームは、自分の醸し出すフェロモンの色だと考えたほうがいい。香りの演出で、相手に与える印象も違う。嗅覚へのアプローチをおろそかにしないことだ。

次は聴覚である。

言葉を用いると、興奮はさらに高まる。

黙ってセックスするのでは味気ない。

ベッドの中の会話もたいていは男がリードするものだけど、もし、彼にまだそんな感性が目覚めていなかったら、自分から語りかけるのもいいだろう。

料理だってなんだって、作ったときに感想を言われると嬉しいし自信がもてる。また頑張って美味しいものを作ろうと、やる気にさせてくれるものだ。

セックスにおける相手や快楽への感想も、途中で言葉にしていくことで、男のやる気をうながすはず。

二人が一番興奮したときのことや、ときめいたときのことを思い出し、話しながらゆっくりスローに、じっくりと味わうセックスもある。

もちろん、無言でひたすら愛しあうことがあってもいいが、愛があるなら、名前くらいは耳元でささやいてほしいものだ。

彼の一生懸命な愛撫がどれほど素晴らしいか、気持ちよくてとろけてしまいそうな感覚になるのか、吐息まじりに甘くささやいてあげることで、男はもっと頑張ってくれるだろう。

そして、触覚だ。

肌をしっとりとなめらかに保つのは、女として当たり前の美のケアではあるが、それが重視されるのは、触覚が快楽に大きく作用しているからだ。

肌を合わせたときに、柔らかさとしっとり感を男に感じさせることは、上質な女であることを本能的に男に認識させる。

洋服の生地だって触り心地が大切なように、女の肌もなめらかなほうが、イコール上質だということなのだ。

ボディローションだけに頼るのではなく、肌の質は女性ホルモンとダイレクトにかかわっているから、ホルモン自体を活性化させなければならない。

女性ホルモンは、女としての機能の良し悪しでもある。たとえ男にその理屈がわからなかったとしても、肌をあわせれば無意識に伝わるものがたくさんあるのだ。ウエストのラインやヒップの筋肉の張りや柔らかさなど、それらもすべて触覚から、男はいろんなことを感じとって、快楽につながっている。

生命力あふれる、弾力のある体と肌を保ちたいものだ。

最後は味覚である。

味覚は、セックスのセンスをうかがわせる。味覚や食事に対する感性があわないと、セックスへの期待がもてない。やはり、美味しいものを食べたいという欲求と探求心をもたなければ、男の胃袋をみたしてあげることはできない。生きるためだけの食ではなく、食も快楽のひとつだということを忘れてはいけない。

最初から買い出しして大げさな料理を作るより、冷蔵庫のありもので、さっとつくって美味しい料理が出てくるほうが、男性の心を捉えるようだ。そのほうが、クリエイティヴィティーを必要とするからだろう。セックスにも、そういう創造性や独創力が問われるところがあり、食と性の快楽が深く関係していることを、いい男は感覚的に理解しているようだ。

偏《かたよ》らずに、あらゆる側面から自分を見つめ、磨いていくことが、結局、男を満足させる究極の極意なのである。

男を、心の底から満足させるには、二人で性の喜びを見つけること。同じステディな相手と、じっくりと時を重ねて愛しあうこと。

成熟の中で変わりゆく愛の形……そこで味わう感情を大切にしながら、愛を育む。

そうして、男の心の奥深くに浸透することができたとき、女もまた最高の快楽を手に入れることができるのだ。

あとがき

〝愛とエロスのミューズ〟

〝愛と性の伝道師〟

新聞や雑誌で、私には様々なキャッチフレーズがつけられている。

私にとっては、人生でもっとも大切にしている〝愛と情熱〟そして〝エロス〟を語り続け、官能的な小説を書き続けただけのこと。

そして、官能的な映画で、女優として、表現し続けただけのこと。ダンスの中でももっとも官能的だといわれる、タンゴを踊り続けているだけのことである。

しかし気がつけば、エロスや情熱やラテンは、私の専売特許のようなものになっていた。

それらをこよなく愛する私としては、とても光栄なことではある。

しかし、日本という社会には、低俗なエロが蔓延《まんえん》しているせいか、大人の成熟したエロスや、芸術的エロスに対してさえ、寛容さをもたない。

だから私としても、昔はとても生きづらさを感じることが多かった。世の中は、だいぶ変わったけど、あくまでもそれは、表面的なことにすぎない。やはり根っこの部分は、まだまだ変わりきれていないのが現実だ。

特に芸能界は、エンターテインメントを発信する世界でありながら、大変にコンサバなところである。コンサバな芸能界に密接な関係をもっている日本の企業もまた、あか抜けない体質である。そんな世界に反発しながら、アグレッシブに生きてきた私が感じること。

それは、実は低俗エロが大好きな未熟な人間が、真面目くさった顔をして、ああだこうだとおかたいことを言うのだ。エロスに寛大な姿勢を示すことに、ビビっている。

ちょうど、人をダマす人間が、他人はみな自分をダマすものだと信用しないように、自分の目線が低俗だと、人もまたみんな同じ目線でエロスを捉えているのだと思うらしい。

それに、何事もクオリティーより、無難《ぶなん》に進めることが賢明だという、何かに迎合《げいごう》した生き方が、仕事にも顕著《けんちょ》にあらわれている。

要するに、エロスや官能というものを、一方向でしか見られない結果である。エロスや官能が、愛や芸術や文化、さらには社会や人間の成熟など、あらゆることに深くかかわっているというのに、多面的にそれを見て、その本質を理解することができないのだ。人間にはバランスが必要だと思う。営利を追求しなければならないときもあるが、ボランティア精神を忘れてはいけない。かたいシリアスな仕事の話ができて、真面目な恋愛話や官能的な話もできたほうがよい。それらがバランスよく整っていて、成熟した大人なのだ。

この本を書いたことは、「日本人ラテン化計画」という、私の活動の一つでもある。

私のいうラテン化とは、つまらないことにくよくよしないで、心と体を解放させて、前向きに人生を楽しむラテンスピリットをもつことだ。

そういうメッセージを、エンターテインメントや商品にのせて発信したいと思っている。そして、日本人の心や社会が、もっと成熟すればいいなぁと思う。成熟こそが、本当の豊かな人生だと思うからだ。

女性たちは美しさを求めているが、なんのために美しくありたいかということが大切だ。ただただエクササイズして、理想のボディを手に入れることで終わるなら、なんの意味もない。その美しさの進化とともに、女として心が満たされていかなければ、幸せは感じられない。それには、何より官能することが必要なのだ。

そういう意味でも、ダンスは官能そのものである。ある程度の年齢、たとえば三〇代や四〇代や五〇代になっても、ダンスに目覚めた女性たちは、ダンスを踊ることで体にもたらされた良い変化よりも、何より女としてイキイキと自分が輝きだすことに喜びを感じている。それが、もっとも美しく年を重ねることの秘訣であることを、身をもって知っているのだ。

官能なくして、女は美しくはなれない。

私はこれを、誰よりも強く実感している。カサカサに渇いた心で、ひたすらトレーニングに励んでも意味はない。

官能する潤った心と、美しい肉体がひとつになって、本当の女の美が完成するのだ。

悩み多き二〇代、迷う三〇代、あきらめがちな四〇代……そんなすべての女性たちに、官能する大切さ、愛とエロスの力を知ってほしいと思う。

そして、この本から何かを感じてもらえたら嬉しい。

みなさんの人生が、美しく輝きますように……。

最後に、この本を執筆する機会を頂き、自由に書かせてくださった編集者の桑原さんに、心から感謝いたします。

二〇〇九年四月

杉本　彩

本書は書き下ろしです

杉本彩（すぎもと　あや）
1968年京都府生まれ。女優。87年、東レ水着キャンペーンガールとしてデビュー。以降、映画・ドラマ・CM・バラエティーなどで幅広く活躍中。バラエティー番組「ウリナリ」（日本テレビ）芸能人社交ダンス部への出演を機に、ダンスの才能を開花させ、現在は、アルゼンチンタンゴダンサーとして、ショー公演も行っている。
作家として、小説『インモラル』『京をんな』（新潮社）、『官能小説家R』（徳間書店）やエッセイ集『インテリジェント・セックス』（祥伝社）などを上梓。また化粧品ブランド「アンデスティノ」を設立、プロデュースブランド「アンパサージュ」では、ランジェリーや香水などを展開している。そのあらゆる活動を通し、女性の美について追求し、女性たちへ美のメッセージを発信し続けている。

いい男《おとこ》の愛《あい》し方《かた》

2009年5月22日　第1刷発行
2011年1月10日　第7刷発行

著　　者　杉本《すぎもと》 彩《あや》
発 行 者　島本脩二
発 行 所　朝日新聞出版
〒104-8011　東京都中央区築地5-3-2
電話　03-5541-8832（編集）
03-5540-7793（販売）

印刷製本　凸版印刷株式会社

ISBN978-4-02-250544-6
定価はカバーに表示してあります

落丁・乱丁の場合は弊社業務部（電話03-5540-7800）へご連絡ください。
送料弊社負担にてお取り替えいたします。